中国古代华侨

王 俊 编著

中国商业出版社

图书在版编目（CIP）数据

中国古代华侨/王俊编著. -- 北京：中国商业出版社，2016.12
ISBN 978-7-5044-9685-0

Ⅰ.①中… Ⅱ.①王… Ⅲ.①华侨-生平事迹-中国-古代 Ⅳ.①K828.8

中国版本图书馆CIP数据核字(2017)第001874号

责任编辑：常　松

中国商业出版社出版发行
010-63180647　www.c-cbook.com
（100053 北京广安门内报国寺1号）
新华书店经销
三河市同力彩印有限公司
＊
710×1000毫米　16开　15印张　200千字
2017年9月第1版　2017年9月第1次印刷
定价：45.00元
＊　＊　＊
（如有印装质量问题可更换）

《中国传统民俗文化》编委

主　编	傅璇琮	著名学者，原国务院古籍整理出版规划小组秘书长，清华大学古典文献研究中心主任教授，原中华书局总编辑
顾　问	蔡尚思	著名历史学家，中国思想史研究专家
	卢燕新	南开大学文学院副教授
	王永波	四川省社会科学院文学研究所副研究员
	叶　舟	中国思维科学研究院院长，清华大学、北京大学特聘教授
	于春芳	北京第二外国语学院教授
	杨玲玲	西班牙文化大学文化与教育学博士
编　委	陈鑫海	首都师范大学中文系博士
	李　敏	北京语言大学古汉语古代文学博士
	赵　芳	出版社高级编辑，曾编辑出版过多部文化类图书
	韩　霞	山东教育基金会理事，作家
	陈　娇	山东大学哲学系讲师
	吴军辉	河北大学历史系讲师
	石雨祺	出版社高级编辑，曾编辑出版过多部历史类图书
	王　欣	全国特级教师

策划及副主编　王　俊

序 言

中国是举世闻名的文明古国，在漫长的历史发展过程中，勤劳智慧的中国人，创造了丰富多彩、绚丽多姿的文化，可以说人创造了文化，文化创造了人，这些经过锤炼和沉淀的古代传统文化，凝聚着华夏各族人民的性格、精神、智慧，是中华民族相互认同的标志和纽带。在人类文化的百花园中摇曳生姿，展现着自己独特的风采，对人类文化的多样性发展作出了巨大贡献。中国传统民俗文化内容广博，风格独特，深深地吸引着世界人民的眼光。

正因如此，我们必须深入学习贯彻十八届三中全会精神，按照中央的规定，加强文化建设。2006年5月，时任浙江省委书记的习近平同志就已提出："文化通过传承为社会进步发挥基础作用，文化会促进或制约经济乃至整个社会的发展。"又说："文化的力量最终可以转化为物质的力量，文化的软实力最终可以转化为经济的硬实力。"(《浙江文化研究工程成果文库总序》)今年他去山东考察时，又再次强调：中华民族伟大复兴，需要以中华文化发展繁荣为条件。

学习习近平同志的重要讲话，确可体会到，在政治、经济、军事、社会和自然要素之中，文化是协调各个要素协同发展、相关耦合的关健。正因为此，我们应该对华夏民族文化进行广阔、全面的检视。我们应该唤醒我们民族的集体记忆，复兴我们民族的伟大精神，发展和繁荣中华民族的优秀文化，为我们民族在强国之路上阔步前行创设先决条件。

实现民族文化的复兴，更必须传承中华文化的优秀传统。现代中国人，特别是年轻人，对传统文化十分感兴趣，蕴含感情。但当下也有人对具体典籍、历史事实不甚了解，比如说，中国是书法大国，谈起书法，有些人或许只知道些书法大家如王羲之、柳公权等等的名字，知道《兰亭集序》是千古书法珍品，仅此而已。再比如说，我们都知道中国是闻名于世的瓷器大国，中国的瓷器令西方人叹为观止，中国也因此而获得了"瓷器之国"（英语 china 的另一义即为瓷器）的美誉。然而关于瓷器的由来、形制的演变、纹饰的演化、烧制等等瓷器文化的内涵，就知之甚少了。中国还是武术大国，然而国人的武术知识，或许更多地来源于一部部精彩的武侠影视作品，对于真正的武术文化，我们也难以窥其堂奥了。我们还是崇尚玉文化的国度，我们的祖先，发现了这种"温润而有光泽的美石"，并赋予了这种冰冷的自然物以鲜活的生命力和文化性格，例如"君子当温润如玉"，女子应"冰清玉洁"、"守身如玉"；"玉有五德"，即"仁"、"义"、"智"、"勇"、"洁"，等等。今天，熟悉这些玉文化的内涵的国人，也为数不多了。

也许正有鉴于此，有忧于此，近年来，已有不少有志之士，开始了复兴中国传统文化的努力，读经热开始风靡海峡两岸，不少孩童乃至成人，开始重拾经典，在故纸旧书中品味古人的智慧，发现古文化历久弥新的魅力。电视讲坛里一波又一波对古文化的讲述，也吸引着数以万计的人们，重新审视古文化的价值。现在放在读者眼前的这套"中国传统民俗文化丛书"，也是这一努力的又一体现。我们现在确应注重研究成果的学术价值和应用价值，充分发挥其认识世界、传承文化、创新理论、咨政育人的重要作用。

中国的传统文化内容博大，体系庞杂，该如何下手，如何呈现？这套丛书处理得可谓系统性强，别具心思。编者分别按物质文化、制度文化、精神文化等方面来分门别类地进行组织编写，例如在物质文化的层面，就有中国古代纺织、中国古代酒具、中国古代农具、中国古代青铜器、中国古代钱币、中国古代石刻、中国古代木雕、中国古代建筑、中国古代砖瓦、中国古代玉器、中国古代陶器、中国古代漆器、中国古代桥梁等等。

在精神文化的层面，就有中国古代书法、中国古代绘画、中国古代音乐、中国古代艺术、中国古代篆刻、中国古代家训、中国古代戏曲、中国古代版画等等；在制度文化的层面，就有中国古代科举、中国古代官制、中国古代教育、中国古代军队、中国古代法律等等。

此外，在历史的发展长河中，中国各行各业还涌现出一大批杰出的人物，至今闪耀着夺目的光辉，启迪后人，示范来者，对此，这套丛书也给予了应有的重视，中国古代名将、中国古代名相、中国古代名帝、中国古代文人、中国古代高僧等等，就是这方面的体现。

生活在21世纪的我们，或许对古人的生活颇感好奇，他们的吃穿住用如何？他们如何过节？如何安排婚丧嫁娶？如何交通？孩子如何玩耍？等等。这些饶有兴趣的内容，这套中国传统民俗文化丛书，都有所涉猎，例如中国古代婚姻、中国古代丧葬、中国古代节日、中国古代风俗、中国古代礼仪、中国古代饮食、中国古代交通、中国古代家具、中国古代玩具、中国古代鞋帽等等，这些书籍介绍的，都是人们深感兴趣，平时却无从知晓的内容。

在经济生活的层面，这套丛书安排了中国古代农业、中国古代纺织、中国古代经济、中国古代贸易、中国古代水利、中国古代车马、中国古代赋税等等内容，足以勾勒出古人经济生活的主要内容，让今人得以窥见自己祖先曾经的经济生活情状。

在物质遗存方面，这套丛书则选择了中国古镇、中国古楼、中国古寺、中国古陵墓、中国古塔、中国古战场、中国古村落、中国古街、中国古代宫殿、中国古代城墙、中国古关等内容。相信读罢这些书，喜欢中国古代物质遗存的读者，已经能大致掌握这一领域的大多数知识了。

除了上述内容外，其实还有很多难以归类却饶有兴趣的内容，例如中国古代的乞丐这样的社会史内容，也许有助于我们深入了解这些古代社会底层民众的真实生活情状，走出武侠小说家们加诸他们身上的虚幻不实的丐帮色彩，还原他们的本来面目，加深我们对历史真实的了解。继承和发扬中华民族几千年创造的优秀文化和民族精神是我们责无旁贷的历史责任。

不难看出，单就内容所涵盖的范围广度来说，有物质遗产，有非物质遗产，还有国粹。这套丛书无疑当得起"中国传统文化的百科全书"的美誉了。这套书还邀约了大批相关的专家、教授参与并指导了稿件的编写工作。

应当指出的是，这套书在写作中，既钩稽、爬梳大量古代文化文献典籍，又参照近人与今人的研究成果，将宏观把握与微观考察相结合。在论述、阐释中，既注意重点突出，又着重于论证层次清晰，从多角度、多层面对文化现象与发展加以考察。这套丛书的出版，有助于我们走进古人的世界，了解他们的美好生活，去回望我们来时的路。学史使人明智。历史的回眸，有助于我们汲取古人的智慧，借历史的明灯，照亮未来的路，为我们中华民族的伟大崛起添砖加瓦。

是为序。

傅璇琮

2014年2月8日

前　言

有人说："有海水处就有华侨。"中国人移居国外的历史可以上溯到遥远的古代，华侨历史更是源远流长。在中国古籍如《史记·秦始皇本纪》《汉书·地理志》中，就曾对古代中国人漂洋过海、远适异域的状况作了描述。在后来的一些著作如《真腊风土记》（元·周达观）、《瀛涯胜览》（明·马欢）、《星槎胜览》（明·费信）、《岛夷志略》（元·汪大渊）、《新加坡风土记》（清·李钟珏）、《东西洋考》（明·张燮）、《海国闻见录》（清·陈伦炯）等，对海外华侨情况也作了片段叙述。19世纪末，主张维新变法的知识分子，也曾在报刊上发表过有关华侨的文字，这些著作虽为后人搜集、保留了弥足珍贵的资料，但还不能说是系统的、专门的侨史研究著作。

我国华侨移居海外经历了漫长的过程，华侨出国大致经历了三个时期：华侨发生期（秦汉至隋唐）；华侨和华侨社会形成期（宋代至鸦片战争前），它又包括两个阶段，即宋至明初的大批华侨出国阶段和明末至鸦片战争前的古代华侨出国高潮与华侨社会形成阶段；近代华工出国期（鸦片战争至第二次世界大战结束）。不同的时代，由于国内政治、经济、文化环境以及国际环境的不同，华侨出国的动因、方式数量及其影响又具有不同的特点。一部绵延千年的华侨华人史，异彩纷呈，血泪沧桑。它正越来越引起世人的重视。认真地研究它，寻根溯源，摸清它的发展规律，不仅有重要的学术价值，而且也有重要的社会意义。

本书主要叙述了世界各地先后2500万华侨移居海外生存、奋斗、发展的历史过程；介绍华侨华人目前的状况和分布；论述从16世纪以来正式形成的全球华侨社会。介绍了各地华侨经历适应当地社会环境、参与竞争，奋斗，与当地人民同化的全过程。书中从不同的角度对这些问题进行了较全面的分析研究，进一步揭示近代华侨的状况。

阅读本书，可以知道：早在秦汉时代中国就与海外特别是亚洲各国交往，建立经济、政治关系，那时中国人到海外大多数是商人、僧侣、使节。直到隋唐时代，才有少数中国人到海外移居，但未形成有规模的华侨群体。也就是说，中国人开始形成华侨的时代，应是从宋元两代开始，但中华民族一部分子孙移居海外的历史源远流长，他们在居留地生根结果，奋斗发展，繁衍生息，形成2500多万华人社会，遍布全世界五大洲各个地区，而且取得辉煌的成就，为祖国和居留国的社会、文化、经济发展作出重要贡献。在全世界分布的2500多万华人中，以东南亚地区分布最广，人数最多，事业成就最大。

华侨历史，历经千年沧桑。在这个特定的历史舞台上，被贫穷和灾难抛向异乡的中国和平移民，既无政府作后盾，也无炮舰当先锋，凭着中华民族勤奋俭朴、守信重诺、守望相助精神和劳动技艺，赤手空拳，胼手胝足，艰苦创业，为所在国和祖国的社会经济进步作出了不可磨灭的贡献，赢得了世人的普遍赞美。

限于编者水平，书中难免有不当和失误之处，还望广大读者加以指正。

目 录

第一章 古代华侨概述

第一节 了解古代华侨 …………………………………… 002

　什么是华侨 …………………………………………… 002

　华侨背井离乡的原因 ………………………………… 007

第二节 华侨都去哪了 …………………………………… 011

　华侨的历史时期 ……………………………………… 011

　华侨先民的出现 ……………………………………… 015

　华侨的广布 …………………………………………… 020

第二章 公元前后至16世纪时期的华侨

第一节 东南亚华侨的出现 ……………………………… 032

　华侨的出现与发展 …………………………………… 032

　东南亚华侨群体的形成 ……………………………… 034

第二节 汉代的华侨······036
  汉代华侨的出现······036
  我国与东南亚的交往······038

第三节 唐宋时的华侨······041
  唐代的华侨······041
  宋代的华侨······043

第四节 元明时期的华侨······048
  元代的华侨······048
  明代的华侨······051

第三章 17～19世纪的华侨

第一节 中南半岛的华侨······062
  越南和柬埔寨的华侨······062
  缅甸与暹罗的华侨······065

第二节 南洋海岛国家的华侨······069
  菲律宾与荷属东印度的华侨······069
  英属马来亚和北婆罗洲的华侨······075

第三节 日本与朝鲜的华侨······079
  日本的华侨······079
  朝鲜的华侨······081

第四节 南洋华侨社会的形成和发展······083
  西属菲律宾和荷属东印度的华侨社会······083

英属南洋殖民地的华侨社会 ……………………………… 094
越南、暹罗和缅甸华侨社会 ……………………………… 100

第四章　19世纪后期~20世纪中叶的华侨

第一节　劳动力需求高涨与华侨的大量出现 …………… 114

　　荷属殖民地的状况 ………………………………………… 114
　　移民的激增 ………………………………………………… 117
　　马来半岛的锡矿开发 ……………………………………… 120

第二节　华侨出国的高峰期 ……………………………… 126

　　轮船时代来临 ……………………………………………… 126
　　泰国经济与广东移民 ……………………………………… 128
　　美国淘金热 ………………………………………………… 130
　　横贯内华达铁路的修筑 …………………………………… 133

第五章　明清的侨务政策机构的设置

第一节　明朝的华侨政策 ………………………………… 138

　　明初政府对华侨的政策 …………………………………… 138
　　明朝对华侨的态度 ………………………………………… 139

第二节　清朝的华侨政策和侨务机构 …………………… 142

　　1860年以前的华侨政策 …………………………………… 142
　　1860年以后的华侨政策及有关侨务机构 ………………… 147

第六章 世界各地的排华运动与侨民的同化

第一节 美国的排华 ································ 158
排华运动的起源及其演变 ···················· 158
暴力排华事件 ································ 162
1882年《排华法案》 ························ 164
华侨的反排华斗争与排华法的废除 ·········· 167

第二节 加拿大的排华 ····························· 171
1885年以前的地方性排华 ···················· 171
华工重税政策 ································ 173
《中国移民法案》及其影响 ···················· 175

第三节 澳大利亚和新西兰的排华 ·················· 179
早期澳大利亚对华侨的限制 ·················· 179
白澳政策 ······································ 181
白新西兰政策 ································ 184

第四节 东南亚地区的排华 ·························· 188
印度尼西亚的排华 ···························· 188
菲律宾的排华 ································ 193

第五节 民族主义与异化、同化 ······················ 198
国民、国家与国籍 ···························· 198
华侨是"不速之客"吗 ························ 203

参考书目 ·· 223

第一章 古代华侨概述

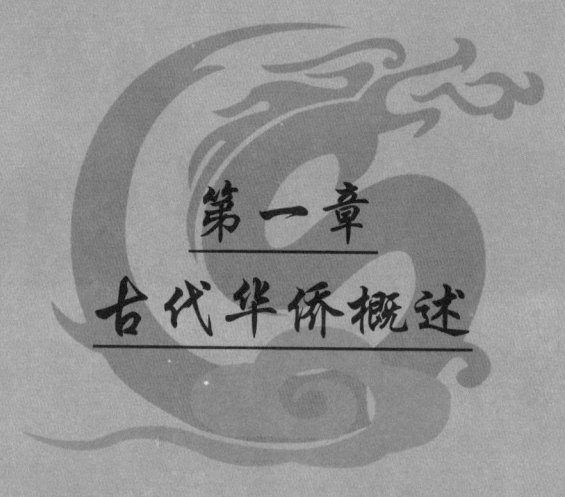

　　历代华侨都是从中国迁移出去的,中华民族侨居海外是与中国对外交通的开拓紧密相连的。中国对外交通的拓展甚至可追溯到远古的商殷时期。据文字记载,较具规模的出洋远航,则应从秦汉时开始。华侨历史的发展,确切地说,应该从12世纪初叶(南宋建炎元年)沿海地区商品经济急剧发展开始,到16世纪后半叶(明隆庆崇祯间)海运开放,中间经历了四五百年。

第一节　了解古代华侨

■ 什么是华侨

在20世纪50年代中期以前,"华侨"一词仍然被当作"泛称""通称",是一个"中性词"。一般说法,凡侨居国外的中国人,均称之为"华侨",统括了"华人""华裔"和具有中国国籍的人。后来,随着国际形势和华侨本身及其社会结构的变化,"华侨"二字又增添了新的内涵,不仅从政治角度考察,发生了国籍问题,需要对取得所在国国籍的中国人下一个确切的定义,而且要对生于斯国、长于斯国且又丧失了中华民族的某些特性或特征的"中国人",下一个明确的定义。此外,对于那些介于上述两种状况之间的、具有中华血统的人,也要有一个专门称呼。于是乎便出现了"华侨""华裔""华人"等各种不同称谓。

20世纪80年代以来,一些华侨史研究工作者还从另一个新的角度进行探

▲ 清代华侨家庭

讨，提出一个新名称："华族"，从历史发展最终结局着眼，将华侨作为一个民族实体——族体——看待。即将华侨看成一个民族——华族，这是极为深刻的灼见。但是，应该防止一种倾向，即用狭隘的民族主义的情绪和观点去看待"华侨"作为"华族"这一自然融合趋向，有一种意见认为：古代直到清末以前，都没有出现过"华侨"字眼，也就不存在华侨；19世纪最后10年，由于学外国，清朝政府才使用了"侨"字；辛亥革命前后，为了革命的需要，使用"华侨"一词才滥觞起来，但最长也只流行半个世纪，到1955年万隆会议后，又从"华侨时代"回到"华人时代"了，若再沿用"华侨"二字，将导致"排华""反华"，造成华侨处境困难。这里且不论"华侨"一词沿革的历史过程，仅以这种将"排华""反华"的咎责加以颠倒，实是难以令人诚服的，而且在现实生活亦并非如此。

另一种意见，则主张以"居住时间"作为划分"华侨"的标准。持此种论点者认为："暂时性"的"客居"，叫"华侨"；"长期性定居"就不能谓之"华侨"，也不能称之为"侨居"。这种时间概念上的限定，也是很值得推敲的，比如我们要问："暂时性"的"时限"多短？"长期定居"的"时限"又有多长？所谓"时性的客居"，意即只有回国者才称得上"华侨"，那么老死侨住国，而又不拥有该国国籍者是不是华侨？有些在侨居国居住达到五六十年之久，并拥有该国国籍，回国后又自愿恢复中国国籍者是不是华侨（归国华侨）？如按"暂时"为"短"，"长期"为"长"的逻辑推论的话，比如有一位老人今年80岁，在国外居住了60年才回国，那他必须在国内至少再活61年，达到141岁，才能被称为"华侨"！这当然是一种笑谈。因此，以在侨居地居住时间长短，作为划分华侨的标准是不科学的。

还有一种用"国籍"作为划分"华侨"的标准。这也还需要解决一些认识上的问题。因为众所周知，必须先有华侨而后才有华侨的国籍，这已是一般性的常识问题。首先，华侨出国历史上千年，而华侨国籍问题的提出，最早也只能追溯到20世纪前10年，难道在此之前移居国外的中国人就不是华侨吗？其次，华侨是客观存在的实体，而所谓国籍，却像一个人的姓氏、身份那样，附着于这个实体而存在的。况且，任何国家的国籍法全都规定有"自由择籍"一条。因此，国籍是名，华侨是实；国籍是形式，华侨是内容；国籍是现象，华侨是本质，"皮之不存，毛将焉附"？再次，从现实生活中，也可以得到印证：一些华侨仍然具有双重乃至双重以上的国籍；有些人甚至什么国籍也没有，仍不失其为华侨；有些华侨家庭内，父子、夫妻、兄弟、姊妹分属于几个不同的国籍；有些华侨，今天取得了某一国籍，明天又加以放弃而选择另一国籍；也还有些华侨，尽管已取得外国国籍，内心却眷恋祖国。凡此种种，难道仅仅用"没有国籍"或"非中国籍"能够解释得了的吗？因此把有无国籍看作华侨问题的实质，这不仅在理论上要进一步深化，而且在实践中也是行不通的。

那么，华侨的实质到底是什么？它到底具有哪些内涵呢？我们认为：

第一，华侨，即中华民族侨居外国的一部分。换言之，侨居外国的中华民族之成员即华侨。在这里，我们是将华侨作为一个总的民族实体（族体、群体）来对待的，并不以国家之国籍、侨居时间之长短等政治、时空概念作为划分的主要依据。华，即中华民族；侨，则有两层意思：一做动词用，释为"侨居""寄寓"，二做名词用，释为"侨民"。故此，华侨则是"侨居或寄寓国外（海外）的中华民族移民（侨民）"。

第二，用历史发展观点看，并从其现实状况和归宿考察，侨民的实质归根结底是民族问题，华侨亦不例外。历史常识告诉我们，一个民族可以分居两个或两个以上的国家、地区，诸如世界各国之间就有着许许多多的"跨境民族"。但一个被割裂的国家，则最终要统一。

第三，以往只把华侨看成是汉族，若依民族概念，将华侨看成是中华民族这个总族体的一部分，那么，侨居国外的汉族既可称为华侨，而我国其他少数民族，诸如朝鲜、蒙古、维吾尔、哈萨克、达呼尔、塔吉克、乌孜别克、满、藏、壮、苗、瑶、黎、畲、彝、傣、侬、沙、佤、彝、白、回、景颇、崩龙、阿昌、拉祜等等少数民族，他们都有人侨居外国，也都应视他们为侨居外国的中华民族的一员，称之为华侨。从这一概念上说，我们还可以说，总数3000余万、散居世界133个国家的华侨，是世界上最大的跨境民族。

第四，倘若同意用民族观点来看待华侨，那么对于我国政府的不承认双重国籍和自由选择国籍的政策，不仅在理论上而且在情感上都是能够接受的。因为华侨的归宿——世界各国侨民均不例外——如果他们无意返回母国的话，那一定会成为所在国的一个民族，或称华族，或为该国原居（土著）民族（特别是主体民族）所同化，同样具有所在国的民族自主、自决、自治的权利。我们主张自然的融合和非暴力式的同化，一旦出现压迫或迫害，全世界各国人民都有理由表示声援，而我国也可以本着国际主义原则、人道主义精神，坚决反对民族压迫，声援和支持弱小民族的自主、自决和自治权利。

第五，如果把华侨看作中华民族的国外侨居者，那么，不管在历史上出现过什么样的称谓，诸如古代的"汉人""晋民""唐人""北人""中华人""中国贾人"，近代的"海外华人""海外中国人""华民""华工""华商""闽人""粤人""滇人"，现代逐渐形成的"华侨""华人""华裔""华族"……全都具有中华民族的血统和不同程度的民族特征，统是华侨历史的研究对象。虽然随着历史的发展，"华侨"一分为三：华裔、华人、华族，但后三者的根基和认识他们的着眼点，应该是华侨。道理十分简单，中华民族不"侨"，就没有所谓的"华侨"，而无侨居国外的"华侨"，也就没有所谓"传宗续代"的"华裔"和入外籍的"华人"的存在，更谈不上"华族"的形成了。因此，归根结底还在于一个"侨"字，在于先有"华侨"，而后出现"华人""华裔"和"华族"。使用"华侨"一词，可以理解为概括了"华人""华裔"，乃至于"华族"，但后三者却很难涵盖前者。历史唯物主义告诉我们，看待事物应该既重历史又重现实。历史发展逐渐形成现实中的有关华侨的多种称谓，我们并不一叶障目，视而不见，或取虚无主义态度，但若一刀切地划分什么"时代""时空"，割裂四者之间的内在联系，这在理论上也是难以圆说的。有种好心的意见，要求人们在谈论四者关系时，照顾现实生活中的感情和习惯，这是可以理解的。然而现实生活却又展示出另一幅动人的画面：尚有几百万华侨未入外籍；而年年都有华裔、华人回国"寻根访祖"，有的还企求"落叶归根"，这些不也是"感情"和"习惯"吗！

第六，如果承认华侨是中华民族的一部分，那么现实生活中就会减去许多不必要的纠葛。因为从民族观点出发，侨居国外的同胞都是"炎黄子孙"，中华民族的一员，应该团结一致，

▲ 海外华人迎新年

携手共进，同心同德地为祖国的统一和"四化"建设做出贡献。只要是中华民族的子孙，只要是从中国领土上出去的，就都是华侨，都应该一视同仁，这有利于民族的团结，祖国的统一。

第七，马列主义关于国家学说的观点认为：国家最终一定要消亡，世界一定要大同。从发展的唯物主义历史观看，华侨的归宿也一定是循社会发展规律而驰步，蹈历史的轨迹而前进，将同世界所有民族一样，走完自己的产生—发展—形成—自然消亡的全过程。那时，"天下为公"，也有着华侨的一份不朽功绩。

综上所述，我们对"什么叫华侨"的意见是：华侨是中华民族侨居国外的一部分。华侨问题实质上是一个民族问题。古代流寓国外的中国人，当时虽不叫华侨，无华侨之名，但实际上有华侨之实，是华人、华裔的先民。近现代以来，华侨虽然一分为三，但华人、华裔均为华侨之演变。华族，则是华侨、华人之后裔所组合的一个民族群体。在学习和研究华侨及其经济发展历史时，首先要搞清这些概念。

■ 华侨背井离乡的原因

华侨出国的原因很多，现择其最主要者归纳为如下三个方面：一是属于非经济方面的，二是属于经济方面而采取强迫手段的，三是属于经济方面而自动移出的。

1. 非经济方面的原因

（1）亡命

历史上中国人民一共有六次因战乱或易代而进行的大规模逃亡。第一次是唐朝末年的黄巢起义迫使广东人民逃往苏门答腊，这时华侨最早出现；第二次是南宋亡国（1279年）；第三次是明代后期海上武装逃往南洋，如万历二年（1574）十一月林凤率战舰六十艘进攻吕宋，万历六年（1578）林道乾率众由台湾逃到暹罗南部北大年；第四次是明清易代之际，如1679年正月明龙门总兵杨彦迪、高雷廉总兵陈上川率兵三千余投奔越南，被派开发东浦；又如1680年广东雷州府人莫玖"留发南投"，开发河仙；第五次在太平天国运动失败后，天地会余众由广西退入越南、老挝和泰国，其中以刘永福的黑旗军为最有名；第六次是人民解放战争时期，一部分与国民党有关系或心怀惧心的人逃往港澳和南洋各国。以上仅举其较著者而言，其他小规模逃亡者还有许多。

（2）战争俘虏

历代封建王朝对外用兵，常有战争俘虏和失散部队羁留当地不返者。如元至元二十五年（1288），元军进攻安南失败，在白藤江战役中，乌马儿、樊楫、昔庆、基玉四名将及大批部队都被俘虏。元至元三十年（1293），元世祖出兵爪哇，退兵时"有病卒百余人不能去者，遂留山中，今唐人与番人丛杂而居之"。明宣德二年（1427），明军撤出安南，官吏将士"得还者止八万六千人，为贼所杀及拘留者不可胜计"。清乾隆三十四年（1769）清军进攻缅甸失败，在老官屯草签和约，"中国战俘凡二千五百名，仍羁缅京，或事种檀，或事工艺，娶缅妇为妻"。乾隆五十三年（1788），清朝借口保护黎氏，派兵攻陷东京，不久为阮文惠逐走，也有大批士兵被俘。此外还有几次战役，因为没有俘虏的记载，暂时从缺。

2. 属于经济方面的原因而采取强迫手段的

安南自立后，由于人口稀少，劳力不足，经常从中越边境购买或俘掠人口，《文献通改·四裔考》说："南州客招人作奴仆，担夫至州，则缚而卖之，一人取黄金二两，州峒转卖入交阯，取黄金三两，岁不下数百千人。"《宋史》及《越史通鉴纲目》记载，至道元年（995）、大中祥符七年（1014）、天圣六年（1028）、嘉祐五年（1060）和熙宁八年（1075），交阯曾屡次入寇，"掠人畜甚众"。《明史·佛郎机传》；葡萄牙人占澳门，"益掠买良民，筑室立寨，为久居计。"荷兰人于17世纪初叶攻占爪哇之后，为了开发殖民地的需要，曾于1619年捕获中国商船所载水手商贩2000人移入吧城，担任垦殖、建筑工作。不久，荷船又在中国沿海游弋，截捕壮丁，又利用海盗绑架壮丁，或秘密设站诱招壮丁。1623年，总督柯恩指示说："世间无如华人更适我用者"，"现值季风正顺，须再遣战船往中国沿海，尽量掠其男女幼童以归。"19世纪中叶，英、法两国因欧洲禁止贩运黑奴，殖民地劳动力大感缺乏，乃纷纷向中国购买"猪仔"，由各国洋行出面，用重价雇用流氓匪棍拐骗绑架劳工，每名酬银洋3元，以后涨至8～10元。转卖给"猪仔"船，每名约六七十元。"猪仔"运到后，须剥光衣服，实行拍卖，"与牛马无异"，到岸价格每名可卖120元，最高200元，转售出去可卖四五百元。以后即转入庄园劳动，成为"奴隶"，"递年各处打死、伤死、缢死、服毒死、投水死、投铜锅死者叠叠不绝"。估计，出国"猪仔"与契约花工总数约300万人，平均有1/3即100万人死亡，有30万人病伤残废，真是人类历史上一大惨剧。

3. 属于经济方面的原因而自动移出的

这可从国内和国外两方面看，国内方面主要是人口过剩。有人不同意此说，认为1935年中国人口4.6亿，华侨总数才780万，仅为其1/60，意义不是很大。其实，就全国范围说，华侨出国的影响固然有限，但就广东、福建两省说，1935年广东人口约3000万人，福建人口约1400万人，合计4400万人，而780万华侨中，大约有90%来自广东和福建，约占两省人口的1/6，如果就两省的侨乡（如广东的四邑、潮梅、海南和福建的漳泉）看，可能只占1/3。《宋史·地理志》说：福建"土地迫狭,生籍繁夥,虽硗确之地,耕耨殆尽,亩值寝贵,故多田讼"。历代以来,农民因丧失土地或找不到土地耕种而被迫向外移动,乃是无可争辩的事实。就国外看,东南亚各地地域广阔,人口稀少,大部分人民处在原始公社制或封建农奴制的支配之下,人身依附关系严重,对生产不感兴趣,而西方殖民者东来之后,需要勤劳而能干的劳动力来开发新占领的土地和矿山,需要精明而节俭的零售商为他们搜集原料和推销商品,这两者不能得之于当地,而华侨在人口数量和质量方面适膺其选,故能大量移出,随着生产的发展,移出也日益增加,形成今日的华侨。国内和国外两方面因素相结合,乃成为华侨自动移出的经济方面的原因。

如上所述,非经济方面的原因带有一定的强迫性,冲击力较强,规模较大,人数也较多,但在历史长河中,两三百年才有一次,是偶然出现的现象,是一个暂时起作用的因素。而经济方面的原因所起的作用,不论是采取强迫手段或自愿移出,虽然比较缓慢、分散,不那么显著而集中,却是一年365日,一日24小时,无例外地、不停止地在进行,是一个经常起作用的因素。非经济方面的原因,多限于局部地区,就东南亚说,多限于与中国境壤相接、关系紧密的越南,其他则比较少见;而经济方面的原因,则普遍于东南亚各地,随处可见,很少例外。因而非经济方面原因所引起的华侨移出是小量的,而经济方面原因所引起的华侨移出则是大量的。非经济方面的原因对于华侨的移出是一个重要的因素,但还不是一个决定的因素,只有经济方面的原因才是决定的因素。

第二节　华侨都去哪了

■ 华侨的历史时期

1. 华侨自唐伊始

目前比较通行的说法认为应该自唐代开始,因为:第一,海外华侨皆自称为唐人;第二,唐代南海交通贸易空前发达,政府有蕃舶使专理其事;第三,中外史籍如杜环《经行记》和马素地《黄金牧地》都说在大食、苏门答腊等地可以见到移居海外的华人。关于第一点,《明史·真腊传》云:"唐人者诸蕃呼华人之称,凡海外诸国皆然。"这原是唐代以后的事,不能理解为唐代中国人已自称为唐人,更不足以证明唐代已有大量中国人移居海外。关于第二点,当时载籍所说的"蕃商"都是指大食商人或阿拉伯商人,而非华商;所说的"蕃舶"都是指南海舶、西南夷舶、

▲《经行记》中记录的两大帝国的碰撞

波斯舶、波罗门舶、昆仑蛮舶、南蕃海舶、狮子国舶,而非华舶。关于第三点,即令各书所记完全可信,至多仅能说明有人为了避难或奉派移居海外,可以看作华侨出国的先驱,还不能据以断定华侨历史时代已经开始了。

我们认为,华侨历史的上限应该自华侨出国已经成为历史上一个比较常见的现象的时候开始,而这种现象只有在南宋以来经济重心南移,封建社会经济发生急剧变化之后才有可能出现,主要有如下四个方面:

(1) 沿海土地的开发和人口的激增

由于经济重心的南移,南方人口急剧增加,并日益超过北方,福建人口的增加尤其迅速,三国吴时,晋安郡有8县,4308户;隋时建安郡四县,12420户;唐时5郡23县,共约9万户;宋代则激增至1062109户,增11倍多,比面积大1/3的广东311563户也超过3倍。由于地少人多,许多失掉土地或得不到土地耕种的人们不得不抛乡别井,漂海过番谋生。

(2) 商品货币经济的空前发展

由于水利的兴修和耕地面积的扩大,农产物产量倍增,除大量粮食外,还有丝、棉、麻、茶叶、水果等经济作物,手工业生产有采矿、冶铸、染织、陶瓷、造纸、文具、酿造等业,其制作之精美与规模之巨大均迈越前代。商品货币经济的发达导致银两和纸币("交钞")的出现,后者的使用比欧洲早几百年。对外贸易日趋繁荣,著名贸易港不断增加,市舶贸易成为政府收入的重要来源。

(3) 阶级结构的变动

统治阶级的结构和活动也随之发生深刻的变化,世族门阀开始从政治舞台上消失,而代以各种品级的官僚地主,世代为官者为数不多,一般是三世而衰,所享有的特权也日益减少。在被统治的人民方面,人身依附关系逐渐削弱,部曲已不复存在,客户转化为佃农,兵匠、雇匠、差雇匠的地位有所提高。劳役地租让位于实物地租,征兵制改为募兵制,徭役制代以雇募制,官奴婢和籍没罪犯入官为奴的制度亦宣告废止。都制和市制开始废弛,宵禁有所缓和,市以外亦可进行贸易,商工活动颇为自由。商人地位的提高使其能和蕃商平起平坐,开展竞争,把活动范围逐步开展到海外去。

(4)造船和航海技术的进步

宋代学术繁荣远远超过前代,天文、地理、历史、考古、文物、制度诸学科都有不少重要著作行世,火药、活字印刷和指南针是中国历史上三大发明。在此影响下,造船航海技术也有长足的进步,"十一二世纪之交,华船已用罗盘,较地中海阿拉伯海之用罗盘,为时独先"。在航海方面,除传统的西洋航路外,中国水手又开辟了通向菲律宾、婆罗洲诸岛的东洋航路。华舶取代蕃舶,中国商贩和水手的足迹遍及南洋群岛各地,也为华侨大量出国提供了有利的条件。

上述有关华侨出国的四大因素皆未见于唐代,而始见于宋代,所以华侨历史的上限应断自宋代开始。

2. 华侨发展的三个时期

以中国社会经济发展为依据,结合考虑东南亚各地的情况,初步设想把古代华侨史分为如下三个时期:

第一期:从12世纪初叶(南宋建炎元年)沿海商品经济急剧发展开始到16世纪后期(明隆庆、崇祯年间)明代海禁开放,前后四百余年,在中国历史上是封建经济高涨时期,在华侨历史上是华侨开始出现和广泛分布时期。

由于商品货币经济的空前发达和南方土地的大量开发,中国成为当时亚洲经济文化最先进的国家,而东南亚各地仍然基本上停留在封建领主制或原始公社制阶段,在经济发展水平上存在着差距。中国所生产的丝绸、陶器、磁器、铜器、铁器及各种粗手工业品,包括铜钱,普遍为东南亚各地人民所喜爱。中国商贩携带这些商品前往各处大小岛屿与一向乏人问津的土特产(如沉香、檀香、降香、龙涎香、珍珠、玛瑙、琉璃、苏木等)相交换,尤其到处受到欢迎。在华舶取代蕃舶、华商实力逐渐超过蕃商的新的历史条件下,中国商人、水手开始向东南亚各地进出,有一部分人定居下来,成为第一代的华侨,久留不归者多与当地妇女成婚,人数估计当有15万~20万人。

第二期:从16世纪下半叶海禁开放到1840年鸦片战争爆发,前后约300年,在中国历史上是资本主义萌芽因素出现时期,在华侨历史上是华侨出国大量增加和华侨在所在国的社会经济基础逐渐确立时期。

由于中国资本主义萌芽因素的出现,同时也由于一部分东南亚地区沦为西方殖民国家的殖民地或贸易中继地,在社会经济发展水平上,中国与东南亚各地之间就出现了两种阶段性的差距:一种是高度发展的中国封建地主经济与东南亚各地封建领主经济之间的差距,这种差距自前一期开始就已存在,至此由于出现了资本主义因素萌芽,差距可能还更大一些。又一种是中国封建地主经济与西方殖民国家所带入的商业资本主义经济之间的差距。这种差距是

▲ 鸦片战争中的广州

新出现的，由于商业资本主义是新的生产方式，具有更强大的力量和更广阔的前途，在吸引华侨出国上所起的作用比固有的封建领主经济要大得多，华侨总数当在100万人以上，多数集中于各大城市，保持着祖国的传统文化和生活方式。

第三期：从1840年鸦片战争开始至1949年中华人民共和国成立，前后109年，在中国历史上是半殖民地半封建社会时期，在华侨历史上是华工大量出国和华侨民族意识日益觉醒并开始成为当地民族时期。

在国内，在"三座大山"的严重压迫下，内战不断，水旱频仍，政治紊乱，经济破产，民不聊生，达到了空前未有的地步。在国外，由于世界资本主义发展到帝国主义阶段，对殖民地资源的争夺和投资的扩大，正以极大的规模进行。中国半殖民地半封建经济与东南亚殖民垄断资本主义经济之间的差距进一步扩大，而与东南亚各国固有的封建经济残余之间的差距却相对地缩小了。帝国主义宗主国对东南亚锡矿的开采，橡胶园的种植，以及美、澳两洲金矿的发现，美国中央太平洋铁路的修筑等等，对中国劳动力的需要更成倍地增加。在新的历史条件下，沿海失业大军就以排山倒海之势涌出国门，其人数之多，规模之大，持续时间之长，皆为前所未有。

■ 华侨先民的出现

中华民族侨居海外，与中国对外交通的开拓紧密相连。然而，据文字记载，从秦汉时开始已经有了较具规模的出洋远航。秦汉之际，中国基本开拓了对外交通的四道，即东北道、西南道、西北道和南海道。

1. 东北道——韩、日的"秦民"

中国东北与朝鲜接壤。中朝交通当以《史记·宋微子世家》所记"周武王封箕子于朝鲜"为早。公元前1122年，周武王伐纣灭殷，箕子义不臣周，遂率其封国（今山西太谷箕城）臣民移居朝鲜，先以辽河流域为中心，渐渡鸭绿江南下而至大同江及汉江流域，"其民以礼义、田蚕供作"，奠定了后世朝鲜的基础，也足证远在秦汉之前，中国人已经移入并定居在朝鲜半岛了。

公元前221年秦始皇统一中国，初步形成了由多民族组成的中华民族，有着较大规模的渡海航行，"徐福（即徐市）求仙"则是一例。《史记·秦始皇本纪》载："二十八年……徐市等上书，言海中有三神岛，各曰：蓬莱、方丈、瀛洲，仙人居之。请得斋戒与童男女求之。于是遣徐市发童男女数千人入海求仙人……乃亡去。始皇闻亡，乃大怒曰：'徐市等费以巨万计，终不得药，徒奸利相告日闻'"。又《史记·淮南衡山列传》也载："又使徐福入海求神异物，为伪辞曰：……宜何资以献？神曰：以令各男子、若振女与百工之子，即得之矣。秦皇帝大说，遣振男女三千人，资之五谷种种百工而行，徐福得平原广泽，止王不来。"据此，我们可以推断以下几点：

（1）秦人徐福曾携数千（或3000）人员，泛海求存，"得平原广泽，止王不来"。

（2）"平原广泽"，是指何处？史家考证略有差异，曾有菲律宾、琉球、澎湖、台湾等多种说法，但据《日本通鉴》载："孝灵七十二年，秦人徐福来"。"孝灵"是指日本第七代孝灵天皇（公元前290年至公元前215年在位），徐福率众抵日实无可疑，迄今日本和歌山县新宫市尚存徐福及其从者7人的遗墓与祠碑可证。

（3）所谓"止王不来"，可见徐福和他众多从人以及他们的后裔，并未回国，名冠"秦氏"，定居日本了。

（4）而且，吉日晶等著《日本和朝鲜古代史》载，"秦氏一族"散居日本京都盆地西部松尾、松室一带，从事农田开垦、养蚕制丝，秦氏的精美建筑手艺和优质的绢帛，深得倭王的欢心，赐姓"直"，成为日本古代重要姓氏巨族之一，进而成为倭国地域性集团首领，进入倭王国高级政治集团。

无论是箕子受封于朝鲜，或徐福乐居于日本，全都说明他们及其从人分别成为中华民族最早侨居朝鲜、日本的华侨先民。

2. 西南道——"汉人"

公元前138年（西汉建元三年），张骞奉使西域回来说：在大夏见到"邛竹杖"和"蜀布"，据云来自中国西南的四川，经身毒达其境，据此推论：

（1）既有"蜀物"，必有中国人至其境。邛竹杖出自四川邛县，蜀布标明四川布，出国乃川人首创。故古时有"蜀贾"之称。

（2）蜀物至中亚，非经缅甸一途不可，这说明，四川—云南—缅甸—印度—阿富汗之间，早在公元前2世纪以前就有民间商贸往来了。

（3）经商、囤货，不可能不设货栈，留驻成为必然现象，成为华侨的先民。今日缅甸华侨，尤其是我国西南各省籍华侨，习惯自称"汉人"；缅甸北部果敢地区仍有一族自称"小汉人"的傈僳族，其首领为世代相袭的杨姓华人。

3. 西北道——商贾与侨民

公元前2世纪左右，汉武帝远征西域，从而开辟了中国通往罗马帝国的"西北丝绸之路"。据《汉书·西域列传》记载，汉武帝时已通西域古国罽宾（位于今喀布尔河下游及

▲ 丝绸之路上的商人

克什米尔一带)、条支(临波斯湾,今伊拉克境内)、安息(古波斯帝国一个行省,今伊朗东北部)、蒙奇(或为原苏联土库曼东南部)、兜勒(今阿富汗北部)等50余国,且纷纷向中国朝贡,作为中国王朝一种交外和外贸形式,被确定下来,由此而成就了"丝绸之路"的美誉。汉时的中国商人进入"丝绸之路"沿途诸国,成为那里侨民是不可避免的。

4. 南海道——东南亚华侨先民

由于前述西南道并不畅通,汉武帝另从海上找出路,于是,便有《汉书·地理志》一段翔实的记载:

"自日南障塞、徐闻、合浦船行可五月,有都元国;又船行可四月,有邑卢没国;又船行可二十余日,有谌离国;步行可十余日,有夫甘都卢国。自夫甘都卢国船行可二月余,有黄支国,民俗略与珠崖相类。其州广大,户口多,多异物,自武帝以来皆献见。有译长,属黄门,与应募者俱入海,市明珠、璧流离、奇石异物,赍黄金、杂缯而往。所至国皆禀食为耦,蛮夷贾船,转送致之,亦利交易。剽杀人,又若逢风波溺死,不者数年来还,大珠至围二寸以下。平帝元始(公元1~5年)中,王莽辅政,欲耀威德,厚遣黄支王,令遣使献生犀牛。自黄支船行可八月,到皮宗;船行可二月,到日南、象林界云。黄支之南,有已不程国,汉之译使自此还矣。"

从上引《汉书·地理志》一段引文中,我们可以概括以下几点意见:

(1)这是一条从广东始发,循南海东南亚诸国,直渡印度洋,达印度(锡兰)为目的地的海上丝绸之路。去程是:日南郡、徐闻、合浦、经都元国、邑卢没国、谌离国、夫甘都卢国、黄支国(已不程国);回程是:黄支、皮宗、日南象林。

日南郡,今越南广南以南,含平定、富安等7省,今即越南中圻。

夏商周称交趾，秦称象郡，汉武帝于公元前111年置9郡，其中3郡在越南，日南即为三郡之一（另：交趾、九真）。徐闻、合浦当时合称"合浦郡"，均在雷州半岛；徐闻县，在半岛以南，与海南岛相望；合浦县在半岛以西。这说明，公元前2世纪，日南、徐闻和合浦均为汉时南海丝绸之路的起点。

至于途经国名，言人人殊，但有些国名的考订是较为一致的，即使尚无一致定见，然而都肯定在东南亚境内，如：

都元国——越南的沱壤、西贡；

邑卢没国——泰国的叻丕、华富里；或缅甸的白固；

谌离国——缅甸的顿逊（丹那沙休），或泰国的佛统；

夫甘都卢——缅甸的卑谬；

黄支国——印度的建志补罗；

已不程国——古称狮子国，即锡兰，今斯里兰卡。

皮宗——苏门答腊岛。

（2）当时主管海上贸易的属黄门（太监），派译长，招募水手"入海"。说明当时官方海外贸易体制较完善。译长，主管译员，地位甚高，不仅领译员，且统全船人员。这说明其时译员中有久住并习当地语言的中国人了。

（3）带去的是黄金、杂缯（各种帛），带回的是明珠、璧流离、奇石、异物。说明既宣威，又贸易。卖出买进，以物易物，必有人久住一地。

（4）"所至国皆禀食而耦，蛮夷船转送之，亦利交易。"这说明，船队每到一国均有供应，受到友善的接待；大船不能靠岸，多由当地驳船转运至岸上，利于居住交易；这就有可能设栈留人，加上未被"剽杀"或被"风波溺死"的"数年来还"者，定居该地，成为华侨的先民。

华侨的广布

元代武功强盛,声誉远播欧、亚、非。曾与周边一些国家发生过军事冲突,但毕竟时间不长,尔后又重修睦邻,贸易如初了。

12世纪初叶沿海地区商品经济急剧发展,到16世纪后半叶海运开放,这一时期,曾因设泉州、广州、杭州、温州、宁波、上海、澉浦等7座城市为对外贸易港口(明永乐初年还在交趾、云南设市提举司),出现了马可波罗莅华和郑和七下西洋的壮举,都为华侨的出国、增多及广布,提供了一个适宜活动的历史舞台,"华埠"也应运而生,华人定居异国进入了一个新阶段,能够以族群为单位同当地人民交往了。估计华侨人数有100万人左右。

元灭南宋后,把大批政治流亡者驱出中国,有的到达南亚地区,大多流寓安南、占城和暹罗。据《心史·大义略叙》载:南宋"诸文武臣,流离海外,或仕占城,或婿交趾,或别流远国"。

明朝航海业发达,有"海上之王"之称,1405年至1433年,"三

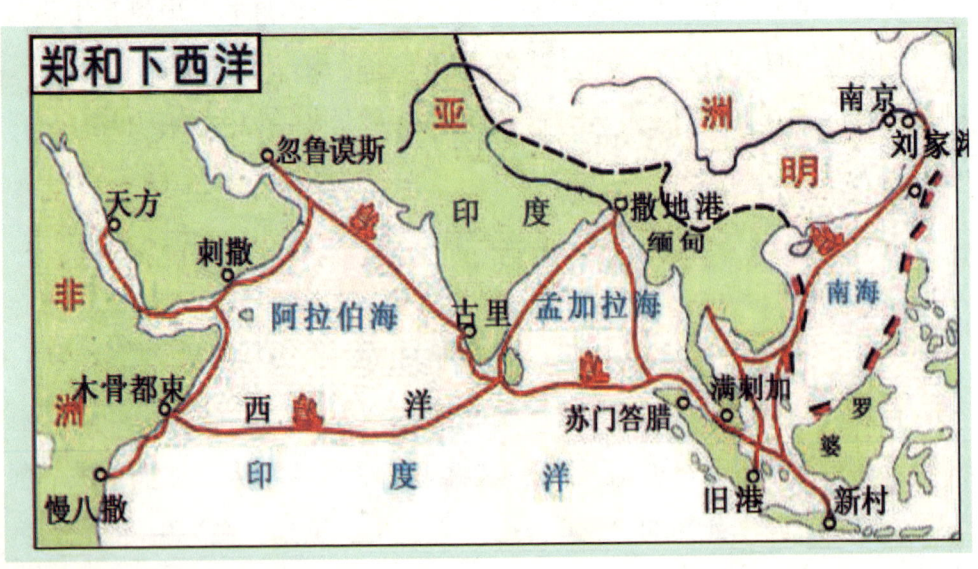

▲ 郑和下西洋路线图

保太监"郑和奉明成祖之命，率领船队七次访问"西洋"（时人以今婆罗洲为界，以东为东洋，以西称西洋），历访亚、非30多个国家，不但加强了中国同这些国家的政治和贸易关系，而且到南洋去的华侨日益增多。

综观元、明两代，侨居东南亚各国的华侨主要从事商贸活动，与当地人民和睦相处，据《岛夷志略》载，今印尼、文莱等国"尤敬爱唐人，醉则扶之以归歇处"。"中国贾人至者，待以宾馆，饮食丰洁"。在柬埔寨，"唐人之为水手者，种其国中不着衣裳，且米粮易求，妇女易得，居室易办，器用易足，买卖易为，往往皆逃逸于彼"。"唐人到彼，必先纳一妇人者，兼亦利其能买卖故也"（《真腊风土记》）。1434年，随郑和出使的副使王景弘病重，被留在爪哇北岸疗养，并留下10名随从和一艘船及充裕的物资。王景弘病愈后并未回国，而是指挥随从清理土地，种植庄稼，建造房屋，利用他的船只做贸易，他的随从与当地妇女通婚，定居在那里了。以后中国人越来越多，人们为纪念"三保太监"郑和，把该地称为"三宝垄"，把原住山洞称之为"三宝洞"。

自公元968年（宋开宝元年）越南大瞿越国立国之后，对中国戒备维严，多方封锁，尤海路"防之甚密"，教海上贸易无多，而陆地贸易，均在我国境内的邕州永平博易场和钦州博易场两地进行。但两国历史关系甚密，历代中国人移越及其对当地贡献也极其巨大。安南时期，悉遵中国文化，政治、社会制度大半模仿中国，对中国工匠、士人尤其注意收罗。如《桂海虞衡志》载："闽人附海舶往者，必厚遇之，因命之官，咨以决事。"《文献通考·四裔考》载："南州客旅诱之作奴仆，担夫至州峒则缚而卖之，州峒转卖入交，人取黄金三两，有艺能者倍之，知史书者又倍之。岁不下数百至千人。"掠夺边境人民和财物,时有发生。仅以《明史·安南传》载:正统二年,"安南思郎州土官攻安平、思陵二州,据二峒二十一村",估计约有千余人。此外,战争被俘留越人次,仅元代就有四五万之众。

在柬埔寨,华侨趋渐增多,形成了华侨聚居区和由"熟地华人"担任自治区内的首领。如《东西洋考》卷三:"以木为城,多华人客寓处。""熟地华人自为戎首也。"

泰国,古称罗斛国,13世纪后与退合并成为暹罗。中泰关系源远流长,在明代时,使暹18次,暹使明竟达72次之多。"官贸"和"私贸"十分频仍。《星槎胜览·暹罗国》载:"俗以海〈贝八〉代钱,通行于市,每一万个准中统钞二十贯。"公元13世纪末,暹王拉摩甘亨访问元都时,曾带回中国工匠数百名,制成泰国历史上著名的宋伽禄磁器。到14世纪初的明代,无论是"朝贡贸易"抑或"民间贸易"都十分发达。水手全为华人,贡使亦多华人充任。有的华侨已获暹罗王朝的厚爵,如《明史·暹罗传》载:"谢文彬以贩盐下海,飘至其国,位至坤岳,犹天朝学士也。"由于当时的暹罗正处于封建社会的前期——封建领主制度,泰人民必须服苛重的兵役或劳役,国内所有新兴产业(从采掘、制造手工业到贸易)多由华人担任,所以华人去者日多,且备受优待。

▲《东西洋考》书影

《东西洋考》:"国人礼华人甚挚,倍于他夷,真慕义之国也。"《海语》:"国无姓氏,华人流寓者始从本姓,一再传而忘矣。"由于涉泰华人渐多,且受礼遇,于是逐渐形成了华人区和领袖,《海语》载:"有奶街,为华人留寓者之居。"在北大年(古称大泥)

地区，"华人流寓甚多，趾相踵也"。"初，漳人张某为哪督，大酋之号也。"（《东西洋考》）

　　元明时期，称缅甸为蒲甘、缅或缅甸。中缅之间交往十分频繁，不仅保持"藩属"关系，进行"朝贡贸易"，民间贸易，特别是边民贸易，更是络绎不绝。据史书记载，中国商人已经到达缅甸的南部沿海诸城市进行贸易活动并定居在那里。《岛夷纪略》说，在乌爹（今勃固），当时双方主要仍然是以物易物的贸易方式，但也使用当地货币——'贝八'和中国钱，"每个银钱重二钱八分，准中统钞一十两，易'贝八'子计一万一千五百二十有余，折钱使用。"中国商贾都愿到该地从事商业活动并定居，因该地"岁凡三稔，诸物皆廉"，"每钱收'贝八'子可得46箩米，可供二人一岁之食有余，故贩其地者，十去九不还也。"八都巴，古时孟族国家，即今位于萨尔温江出海口的马达班。在当地贸易之货有中国的南北丝、布、锻、锦、绢、铁鼎等，说明华商居此处者亦不少。此外，在谈邈（今土瓦）、针路（今丹那沙林）等地，也有许多华商从事贸易活动，经营商品大都为中国出产的铜条、铁鼎、花布、青布等。市场上同样通用中统钞。华商中也有不少人"十去九不回"，成为古代缅甸南部定居的早期华侨。中缅两国和两国人民的交往更多利用中国西南部与缅甸北部地壤相接的"便捷"条件，元缅之间曾发生过6次边境战争，每次战争元朝派军3千至数万不等，战后被俘和散留的士卒不计其数。在这里，应特别提一提元缅第6次战争的导火线，即因"杀华人留缅者百余"而引发的。这说明：一、留缅华人人数众多；二、当时留缅华人政治经济势力强大，社会地位亦显要。元朝每克缅甸一地，均遣军镇守，计达20余万，士卒与缅甸人民相处无隙，形成"元驻戍之兵，皆错居民间，故万夫、千夫之长，无公廨城邑者"。公元1300年后，元缅相安百年。

元朝为稳定西南边疆,在云南又作了一些政治、经济上的改革,进一步开拓滇缅陆路交通,放宽或取消滇缅贸易禁令,准许商民往来,规定"贝八"与中统钞的比率,增强中缅朝贡贸易,从而促进了滇缅陆路的民间贸易,侨居缅甸的华侨也随之增多。已有华商和华工在缅甸从事开采玉石矿和宝石买卖。并有人到达缅甸中部盛产石油的仁安羌地区。

公元1382年,明王朝基本平定云南全省,实行了多种新的行政、经济制度。如"土流兼治""屯田制""中钠法"和派官员监采收一购"宝物",并设立"云南市提举司",专门接待"西南诸国朝贡者",洽商和管理朝贡贸易。但由于"贡赋"加重,地租高达60%~70%甚至90%,加上反抗统治阶级的起义不断被镇压,云南各族人民不得不"走夷方",逃奔缅境。"蛮莫(八莫)等处,乃水陆会通之地,蛮方器,咸自此出,江西、云南大理捕逃之民多赴之。""流寓汉民,是亦往贩烟瘴货贩之徒。"缅甸华人之多,已在缅甸北部主要城市,形成了"华侨聚居区"。如江头城(八莫)外,有大明街,闽、广、江、蜀华游艺者数万,而三宣六慰被携者亦数万。在明代,精通中缅语文的华侨,有不少还担任过缅甸朝贡使团的"通司"和明朝四夷馆的"教授"。如祖籍云南省腾冲县和顺乡的李瓒、寸文斌、寸玉等人。

元明时代,菲律宾社会经济发展仍然缓慢,生产落后,小国林立,似华人留驻不多,但仍然有华商在古时菲律宾几个小岛国从事商贸活动。麻逸,即今明多罗岛,《诸蕃志·麻逸》载:"商舶入境,驻入官场前。官场者,其国閫贵之所也。登舟与之杂处。酋长日用白伞,故商人必赍以动赆。交易之例,蛮商丛至,髇笈篝搬取货物而去,初看不可晓,徐弁认搬货之人,亦无遗。蛮贾乃以其货转入他岛屿贸易,率七八月始归，以其所得，准偿商舶。亦有达期不归者。故贩麻逸最晚……"据《岛夷志略·麻逸》载双方交易货物有："地产木棉、黄蜡、玳瑁、槟榔、花布，贸易之货用鼎、铁块、五采红布、红绢、牙绽之属。"三屿又称三岛，《诸蕃志·三峤》说："乃麻逸之属……各有种类，散居岛屿，舶舟至则出而贸易。""番商每抵一聚落，未敢登岸，先驻舟中流，鸣蚊而招之。蛮贾争棹小舟，持吉贝、黄蜡、番布、椰心簟等与贸易。如议之价未决，必贾豪自至说谕，馈以绢伞、瓷器、藤笼，仍留一二辈为质，然后登岸。互市贸易毕，则返其质。停舟不过三四日，又转而之他……贩三屿者四五月间即理归棹，博易用磁器、皂绫、缬绢、五色烧体、铅网坠、白锡为货。"更为有趣的是，"男子尝附舶至泉州经纪，罄其资本，以纹其身。既归其国，则国人以尊长之礼待之，延之上座，虽父老亦不得与争焉。习俗以其至唐，故贵之也……地产黄蜡、木棉、花布，贸易之货用铜珠、青白花碗、小花印布、铁块之属。"猫里雾，即今棉兰老岛。因与吕宋接壤，于明永乐三年（1405）遣使与吕宋使者同向明王朝"贡方物"。《东西洋考·猫里雾》载：（猫里雾）"其后渐成沃土，俗亦近驯，故舶人为之语曰：'若要富，须往猫里雾'，盖小邦之善地也……见华人舟，跫然以喜，不敢凌厉相加，故市法最平。"苏禄，即今苏禄群岛。早同中国发生了"官贸"和"私贸"关系，《岛夷志略》和《东西洋考》两书"苏禄"条，均详尽地记载了古代双方互贸的商品、互易方式，特别指出"苏禄珠，色青白而圆，其价昂贵。中国人首饰用之，其色不退，号为绝品"。"彼国值岁多珠时，商人得一巨珠携归，可享利数十倍……夷人虑我舟不往也，每返棹，辄留数人为质，以冀后日之重来。"据传说，公元14世纪间，有一位名叫林旺的"闽人"蹈海抵达菲律宾，"为菲人烈山泽，驱猛兽，教菲为以种种耕稼上之知识，菲人始由游牧时代，渐入农业时代。日用诸物，亦皆自吾国南方输入，因之吾国商人，相继偕来"，这当然是把早期菲华的群体作用，典型化在一个林旺身上了。此外，自20世纪50年代始，在吕宋岛描丹牙首的卡塔干半岛，陆续发掘出4万多种陶瓷器，80%属于中国产品，绝大部分是我国明代制造的、西班牙1517年入侵菲律宾之前的产品。到15世纪，苏禄王国曾4次（1417年、1420年、1421年、1424年）入贡明朝。其中，1417年苏禄国入贡使团规格之高，人数之多，影响之深远，可谓"空前绝后"。三位亲王亲自率团，娘娘、嫔妃、文武大臣及卫队宫女，浩浩荡荡340余人，浮海而至。最后苏禄东王乐而不返，卒于德州。三王访华，当然与郑和下西洋，曾访问过菲律宾某些地方有关。但一个此前从未同中国有过直接交往的国家，竟能一开始就由其全部最高领导人，率领庞大的访问使团，来到他们相对陌生的中国，进贡方物，请求封赐，倘若事先没有详细了解当时中国社会状况、典章制度，没有对苏禄、明朝双向了解，而又得到两国信赖的能起沟通作用的人从中筹措、斡旋和帮助，这是根本不可能的。这种人只可能是流寓在苏禄的中国人或其后裔。事实上，据记载，公元1380年（明洪武十三年），阿拉伯法官麦东坐中国船到苏禄群岛传播伊斯兰教时，与他同行的就有不少中国伊斯兰教传教师，其中有一名回族领袖，后来成为苏禄国的法官，并和稍后的一位回族学者都终老而死，分别葬于苏禄岛和塔普尔岛，至今留存着他们的陵墓。又俗称"本头公"或"白头公"的白丕显，史传他是1405年随郑和宝船第一次抵苏禄留下的随员，因与菲国摩罗族女子相恋，兵船起碇，未能归队而留居该岛。白留居苏禄后，开辟苏禄埠，"感化"当地土人，其功至伟，更为当地华侨奉之为神、为祖，至今仍享有崇高声誉。白丕显死后葬于乐和岛乐镇郊外2英里处，成为今人瞻仰的古墓景区。及至16世纪70年代，西班牙殖民者征服之前（1570

年),在马尼拉城郊已有150人寓居,在城内也住着已婚的中国人。"他们都富有朝气,肤色浅淡……由于中国所发生的某种事件,这些华人逃出他们的国家,生活在土人之中,他们都把妻室带在身边……成为(天主教)教徒……非常谦逊,又非常朴实……穿棉布长袍和丝绸衣服……他们又是非常机敏和爱清洁的人……男男女女都留着长长的头发,但都很好地梳理和束结在头上。"

古代印度尼西亚境内小国林立。但同中国关系,始自汉唐,至于华侨,见诸于文字的,至迟可以追溯到宋代,乃至于唐代。三佛齐,位于今苏门答腊岛东部。宋明两朝曾有密切的朝贡关系,早在公元10世纪中叶,三佛齐国就有一位姓李的将军,"以香货诣本州(福建省龙溪县)易钱,营造普贤院,手书法堂梁上。"公元11世纪初,《宋史·三佛齐》载:"元丰三年(1080),国王之女唐字书寄龙脑及布与提举市舶司孙迥,迥不敢受,言于朝,诏令估值输之,官悉市帛以报。"由此可见华侨侨居印尼历史颇久。及至元明,赴该地从事贸易的中国商人渐多,关于这方面的情形,当推《诸蕃志》《岛夷志略》《星槎胜览》和《瀛涯胜览》记述最详:"市中交易亦使用中国铜钱,并用布帛之类。""国人多是广东漳泉人逃居于此。"1397年,爪哇国灭三佛齐国,改称旧港。其时,"国中大乱,爪哇亦不能尽有其地,华人流寓者往起而据之。有梁道明者,广东南海县人,久居其国,闽粤军民原泛海从之者数千家,推道明为首,雄视一方。"此外,

15世纪初期，尚有祖籍广东的"旧港头目"陈祖义及其部属、旧港宣慰司施进卿及其部属等，初步估计，约有三四万华侨。哑齐国，位于苏门答腊岛西部，明时郑和三次出使该国。在港口屿还建成一座"三宝庙"，由于该地贸易公平，"四方商贾辐辏。华人至者，以地远价高，获利倍他国"。"其首府古打呀有小亭，内置黄铜大钟，重约二百余斤，钟口直径约二尺许，高三尺许，其上篆有文曰：'成化五年冬月六日'。"明成化5年，即1470年，这说明公元15世纪下半叶，已有许多中国人侨居该地方。古时爪哇国，"盛多宝货"，是"东南诸国"交易荟萃之"都会"。从福建泉州至该地"顺风昼夜行月余可到"。950年左右，一艘中国三桅帆船在爪哇北岸沉没，船员纷纷在扎巴拉、三宝垄和直葛等地登岸。"管船者向直葛统治者献上一块宝石"，得到准许召集余众"在固定的地区居住，并授予他们许多权利。"（莱佛士：《爪哇史》）这是中国人集体定居爪哇的有文字记载的开始。自此，爪哇"与中国为商，往来不绝"，"中国贾人至者，待以宾馆，饮食丰洁"。不少中国商人定居在那里经商或从事运输业。992年，阇婆（爪哇别称）王穆罗茶遣使入贡，"译者言云：今主舶大商毛旭者，建溪人，数往来本国，因假其乡导来朝贡。"元朝远征阇婆，留居下众多士卒，如《岛夷志略·勾栏山》载："国初，军士征阇婆，遭风于山下，辄损舟，一舟幸免，惟存钉灭，见其山多木，故于其地造舟一十余只，若樯柁、若帆、若篙，靡不具备，飘然长。有病卒百余人不能去者，遂留山中。今唐人与番人丛杂而居之。"元军败退时，还有不少士卒因伤病、因失散或逃亡，留落在该地，"而不愿再回自己的乡土"。到了明代，中国人赴爪哇经商、定居的增多。《瀛涯胜览·爪哇国》载："杜板，番名赌班，地名也。此处约千余家，以二头目为主，其间多有中国广东及漳州人流居此地。鸡羊鱼菜甚贱。""杜板投东行半日许，至新村，番名曰：草儿昔，原系沙滩之地，盖因中国之人来此创居，遂名'新村'，至今村主广东人也约有千余家。""自新村南行二十余里到苏鲁马兰，番名苏儿把牙，……亦有村主，掌管番人千余家，其间亦有中国人。""唐人，皆是广东、漳泉等处人窜居此地，食用亦美洁，多有从回回教门受戒持斋者。"在古爪哇属国苏吉丹，"彼民出诸饶洞，与华人贸易。华人所泊者饶洞也。""比来贩者渐伙，乃渐筑铺舍。"华商在此受"厚遇，无宿泊饮食之费"。

古代文莱，又称渤泥、万年港、婆罗，位于今加里曼丹北部。1922年，在文莱穆斯林公墓发现一块石墓碑，高38.5英寸，宽16英寸，厚4~4.5英寸，石碑镌文："有宋泉州判院蒲公之墓，景定甲子男应甲立。"按：宋景定甲子年，系公元1264年，据此推论，早在13世纪或之前，就有中国人定居在文莱了。1292年元朝征服婆罗洲，设中国河行省，兼辖苏禄群岛。有中国总兵名黄升平之女，于1375年嫁文莱苏丹阿克曼德，"凡20余传，以迄于今"。《明史·婆罗》载："万历时王者闽人也，或言郑和使婆罗，有闽人从之，因居其地，其后人竟据其地而王之，邸旁有中国碑，王有金印一，篆文，上作兽形，言永乐朝所赐，印背上以为荣。"李长傅《中国殖民史》第三章，有一段摘西人记载很值得重视："土人中有杜生人者，马来语园艺人之意，其所著衣衫，所戴之金属装饰品均同中国，其栽植稻谷纯粹华法……据杜生人传说，系华人后裔。缘有中国人初自文莱亚喀亚斯乃从事胡椒之种植，纳生妇女为妻，并招致中国亲友前来。后因避洪水之患及摩鲁斯人之袭击，移居邦都高地，子孙繁衍，即今日之杜生人。其人在中国新年敬神焚香，尤完全守中国国俗云。"这充分说明，早期寓居文莱的华侨，已经融合成文莱的一个民族了。

"猪仔"贸易

"猪仔"指契约华工，它是指国内破产的劳动者，应"募"到海外做工，与外国资本家或华人工头订立契约。"猪仔"一词来源于广东方言，"物之小者曰'仔'，盖言被拐者若猪仔之贱，有去无还"。这是说华人被拐后有如猪仔一样低贱，更谈不上被当人看，命运之惨可想而知。

近代契约华工主要有两种形式：一种是所谓"苦力"，一种是赊单工，即表面上是"自由出洋"，实际上是赊欠旅费债务而出洋的。"猪仔"贸易是契约华工制发展到一定阶段的产物。19世纪20年代开始出现，40年代至70年代形成高潮，80年代处于下降状态，20世纪初即已衰退。"猪仔"贸易贯穿着近代整个契约华工出国史。

鸦片战争后广东、福建的"猪仔"贩卖十分盛行。1859年葡萄牙人在澳门设立了许多"猪仔馆"，专门从事贩卖"猪仔"的勾当。不久，新加坡、香港、广州、汕头、海口、厦门、福州、上海、宁波等地均公然设立卖人行即"猪仔馆"（新加坡名曰"新客馆"）。澳门、香港是"猪仔"出口的转运站，由此运往东南亚和美洲各地；而新加坡则成为了东南亚"猪仔"贸易的中心。荷属东印度、英属马来亚、美洲、澳洲等地需要劳动力，一般由国外总行通知设在国内分行派人拐掠、贩运。这样，国内外"猪仔"买卖形成了一个贸易网络，用中国劳力的血汗为这个网络的操纵者们赢得了巨额利润。最初由英商垄断厦门的苦力贸易，不久美商后来居上。欧美商人从贩运华工中获利8400万美元。

第二章
公元前后至16世纪时期的华侨

　　华侨在历史上称为"唐人""华人"或"中国人",都是指移居海外的中国人,特别是指我国东南沿海的汉族。而东南亚地区的国家越南、老挝、柬埔寨、泰国、缅甸、马来西亚、新加坡等这些国家,都与中国发生关系最早,而且又是华侨最多的国家。在我国古代的汉朝、唐朝、元朝和明朝的不同历史时期都在不断发展。

第一节　东南亚华侨的出现

■ 华侨的出现与发展

"华侨"这个名词，起于19世纪末。据专家考证，1883年郑观应《禀北洋通商大臣李傅相为招商局与怡和、太古订立合同》一文说："凡南洋各埠华侨最多之处，须逐布置，亦派船来往。"（郑观应《盛世危言后编》卷十）又1884年（光绪十年六月）《清光绪朝实录》卷一八八中也提到"美国金山华侨"。"华侨"二字，以后遂成惯用的名词。清末有署名"羲皇正胤"的人写了一卷《南洋华侨史略》，登在《民报》1910年第25～26期。这可以说是关于华侨史的第一部作品。从此"华侨"一词应用越来越广，就成为现代旅居外国的华人通称。西人称华侨为"The Overseas Chinese"或"The Chinese Abroad"，即"海外华人"之意。

按"侨"的意思：清代编的《佩文韵府》说："侨，寄也，客也。"《康熙字典》说："旅寓曰侨居。"可见寄居外地都称为侨，并不专指"远托异国"的人。《隋书》卷二四指出："晋自中原丧乱，元帝寓居江左，百姓之自拔南奔者，并谓之侨人（民），皆取旧壤之名，侨立郡县。"可见侨民之词，由来已久。至19世纪末，才把移居外国的中国人简称为华侨，初无特殊政治意义。

有人认为华侨史应从19世纪后期开始，谈到1955年，即万隆会议召开时期为止。因为"华侨"一词出现于19世纪末，而1955年万隆会议就提出取消双重国籍，无所谓华侨了，有的只可称华人、华族或华裔。但我们认为：在历史上，华侨这个名词出现之前，东南亚各地早已有很多中国人居住，并且购田园，长子孙，数代相承，而不与当地人同化和加入侨居国籍。宋代朱或的《萍洲可谈》卷二曾提到："北人（华人）过海外，是岁不归者，谓之住蕃"，有的"住蕃虽十年不归"。这些十年不归的住蕃华人，虽当时无华侨之名，却有华侨之实。我们研究华侨史最迟亦应以这种住蕃人为对象，回溯到公元10世纪甚至更早。万隆会议上，周总理曾明确宣布：华侨在外国自愿加入或取得外国国籍的，即自动丧失中国国籍。按照这一原则，我国政府同一些国家妥善地解决了历史遗留下来的华侨的双重国籍问题，因此，中华人民共和国《国籍法》明确规定："中华人民共和国不承认中国公民具有双重国籍"，"定居外国的中国公民，自愿加入或取得外国籍的，即自动丧失中国国籍"。据此，身居外国而取得当地国籍的人，就不保持中华人民共和国公民身份。现在一般称这些人为"华裔"或"华人"。这一类人，是否可以纳入华侨史的范围来研究呢？我们认为还是可以的。因为这些加入外国籍的华人，仍然具有中华民族的血统，沾染中国文化和风俗习惯，他们虽然加入外国籍，但也随时可以申请恢复中国国籍。从具体的个人而论，他们可以前半生是中国公民，而后半生才成为外籍华人。从历史的角度来看，似可以作为研究对象，不过在华侨史中，我们尽可能把华侨与华人或华裔区别清楚。这并不违背我们政府的《国籍法》。目前在海外居住的中国人继续保留中国国籍的大约有三四百万人，所以不能说，不承认双重国籍问题，就不存在华侨，不需要研究华侨史了。

■ 东南亚华侨群体的形成

　　海外华侨有他们的历史根源、社会地位和社会活动，这些都与当地的历史背景和社会现实分不开。所以研究华侨史，就不仅要知道华侨的历史和现状，而且可以从中了解侨居国的历史和现状。我们的研究成果就可供政府在制定华侨政策和外交政策时参考，帮助政府解决有关的历史问题和现实问题，而不仅仅是扩大社会科学的领域，提高这门学术的水平而已。

　　海外华侨绝大多数是爱国人士。当祖国危难之际，他们出钱出力，争先恐后，竭力援助，功成不居；在和平建设时期，他们也积极支援祖国建设，大力捐输，对四个"现代化"做出许多贡献，这些都值得我们钦佩和学习。他们光荣的爱国思想和行动也值得我们大书特书。这对于研究华侨史的人来说，是责无旁贷的。

　　研究华侨史固然不限于东南亚，但要我们写一部全世界的华侨通史，目前实在困难。因此，我们应该由小到大，由点及面，有计划、有步骤、分国别地进行研究和编写，而以东南亚华侨史为试点。这是由于：第一，东南亚华侨（华人）最多，估计有1700余万人；第二，

在地理上，东南亚地区和我国最密切，在政治、经济、文化上发生关系亦最早。随着国际形势的发展和团结反霸的需要，我国与东南亚各国的关系更加密切。我们希望通过华侨史的研究，

从侧面表现中国与东南亚各国的关系，提供有关方面参考。

关于东南亚华侨史的分期问题，众说纷纭，尚无定论。我们在这里把东南亚华侨史分为三个时期：（1）由公元前后到15世纪（约由汉到明）；（2）由16世纪到19世纪前半期（由西方殖民者侵入东南亚之始到鸦片战争时期）；（3）由19世纪后期到20世纪前半期和中华人民共和国成立后到现在。

中国与东南亚各国交通始于汉代。在早期的中国与东南亚各国关系发展下，华人才有出国侨居的可能。唐宋时代，华人移居国外日多，至明代更盛。到16世纪，西方殖民者侵入东南亚各国，改变了东南亚各国的社会性质，对华人的出国、侨居和工作及社会地位都有影响。鸦片战争后，中国成为半封建半殖民地国家，由于国内外的矛盾日益尖锐，华人出国的人数急剧增加。到19世纪前半叶，估计总数有百万人。直到中华人民共和国成立前夕，华侨总数达到2000万左右，其中东南亚华侨约有1240万。1965年估计东南亚华侨（华人）共有1247.5万人。

新中国成立以来，我国政府关怀广大华侨，即根据和平共处的五项原则，同有关国家协商解决华侨问题，并制定了解决旧时代遗留下来的华侨双重国籍问题的政策，为改善华侨的地位做了大量工作。广大华侨对社会主义祖国更加热爱，积极支持祖国建设。这些都是有目共睹的事实。关于1949年后华侨的动态及其前途，我们在这里不打算用太多篇幅来论述了。

第二节　汉代的华侨

■ 汉代华侨的出现

在东南亚各国中，越南和缅甸与我国边境相连，江河共贯，海陆交通之早，人民往来之众，所不待言。越南人与浙江会稽之"越"、温州之东瓯、福建之闽越、广东广西之南粤（即越）人，同属越族，即中国古代百越之一。故越南人与中国人同种。越南之地，在夏、商、周三代称为交趾，秦称为象郡。汉武帝平南越，于前111年置九郡，其中三郡在今越南，即交趾（今河内一带，旧称北圻）、九真（今越南清化、义安、河静三省）、日南（今为广南以南，平定、富安等七省，旧称中圻）三郡。三国时代，改名为交州，唐代又改称为安南。直至唐宋，区内大乱，割地称雄者凡12处，俱号"使君"。州刺史丁公著的儿子丁部领，起而肃清群雄，成一统之业，于公元968年（宋开宝元年）称帝，起宫殿、制朝仪、置百官、立社稷，建立"大瞿越国"。越南建国自此始。从此以后，中国人移居越南者可以称为"华侨"。在此以前一千多年，越南是中国版图的一部分，内地人移居到越南或越南流寓于内地，都不算是侨民。所以我们研究越南华侨史，必须从宋代开始。

缅甸是和我国山水相连的邻邦，两国人民越境往来很早，公元前

1世纪左右就有文献记载了。据《史记》卷一一六《西南夷列传》说："元狩元年（前122）博望侯张骞使大夏（在中亚阿姆河流域，今阿富汗北部）来，言居大夏时见蜀布、邛竹杖。使问所从来，曰：'从东南身毒国（印度），可数千里，得蜀贾人市。'或闻邛西（今四川西晋地区以西）可二千里有身毒国。"可见在公元前1世纪左右，四川的商品已经通过云南入缅甸，再由缅甸输入印度及中亚了。同时从海道亦可由中国南部行船达缅甸，并沿途访问一些东南亚国家。《汉书·地理志》记载：

自日南障塞、徐闻、合浦船行可五月，有都元国。又船行可四月，有邑卢没国。又船行可二十余日，有谌离国。步行可十余日，有夫甘都卢国。自夫甘都卢国船行可二月余，有黄支国，民俗略与珠崖相类，其州广大，户口多，多异物，自武帝以来皆献见。有译长，属黄门，与应募者俱入海市明珠、璧流离、奇石异物，赍黄金杂缯而往，所至国皆禀食为耦，蛮夷贾船，转送致之。亦利交易，剽杀人，又苦逢风波溺死，不者数年来还，大珠至围二寸以下。平帝元始中，王莽辅政，欲耀威德，厚遗黄支王，令遣使献生犀牛。自黄支船行可八月，到皮宗，船行可二月到日南、象林界云。黄支之（南）有已不程国，汉之译使自此还矣。

根据上文，船由日南边塞、徐闻、合浦出发，日南郡即秦代的象郡，徐闻、合浦都属合浦郡，在今雷州半岛。三者都是南中国的海口，从任何一个港口出发，都可以到达黄支，再南到已不程国就回航了。航行所到的地方有都元国、邑卢没国、谌离国、夫甘都卢国、黄支国、已不程国、皮宗等。这些地名，前不见于古书，后亦无人引用，学者考证，言人人殊，迄今尚无定论。不过黄支一名，多数学者都承认是印度的建志补罗，即今之Conjeveram。它是达罗毗荼人的国都，在马德拉斯西南43英里。此地在古代仅称为建支，补罗意为都城。黄支在南印度海面，与锡兰岛遥遥相对，所以友人苏继颐考证已不程国为狮子国，即锡兰岛，我们认为是对的。

南船既然以南中国海港出发到印度，而且尽可能沿着海岸线而行，则沿途必须经过东南亚一些国家。根据我们考证的结果，都元国就是越南的沱瀼。邑卢没国可能是暹罗湾最大入口处的 Ratburi（今之叻丕）。谌离国就是缅甸的顿逊。夫甘都卢是缅甸的卑谬和连着卑谬一个面临着锡当河的繁盛地方 Taung-ngu 的合称。上述东南亚地名的考证是否符合实际，作者表示还要当代学者的论定，但商船由南中国远航印度，必然路经东南亚一些国家，也必须沿途在一些东南亚国家停泊，以便采购粮食、补充用水和交换商品，甚至要另换船舶。

必须指出，汉代商船航行于南海及印度洋，停泊的国家和地区决不限于《汉书》所载，马来亚和印度尼西亚也应作为访问和贸易的地点。荷兰考古学家德·弗玲斯研究印尼出土的中国陶瓷器得出结论，认为远在两千年前中国人已漂洋过海踏上印尼国土，有的可能在万丹定居下来。如果确是如此，则汉代在印尼已有定居的华侨了。当然漂洋渡海到东南亚的人，以贸易图利为目的，但并不排除在特殊情况下他们有极少数人有留而不归的可能性。

■ 我国与东南亚的交往

我国与东南亚各国往来，一向都是人民的交往为先，两国使者的往来在后。印尼第一次遣使访问中国则迟至东汉时期。"顺帝永建六年（131）日南徼外叶调王便遣使贡献，帝赐调便金印紫绶。"印尼遣使贡献是对中国友好的表示，但也包含有以礼物换礼物的官方贸易的性质，对于两国人民的友好往来和经济文化的交流起了促进作用。近来在爪哇和苏门答腊等处也发掘出一些汉代的陶器残片，这证明不仅中国与印尼在汉代已发生外交关系，同时两国人民也进行经济和文化交流了。

在公元前2世纪左右，中南半岛（中印半岛）湄公河下游崛起了一个古国叫做扶南，与越南为邻。东汉章帝时代（76~88年）杨孚的《异物志》中已经提到扶南名字。当其盛时，势力远及中南半岛和马来半岛，并且控制着暹罗湾和马六甲海峡的海上贸易。公元前2世纪后期至公元1世纪，南中国的商船驶往黄支，途中就经过扶南海口，必然与扶南发生贸易关系。至225年，扶南开始派使来吴国进行朝贡贸易，及吴孙权时，遣宣化从事朱应、中郎康泰通焉。以后中国和扶南的贸易往来频繁，甚至7世纪扶南衰落，还保持与中国公私的贸易关系到灭亡为止。

缅甸与我国云南接壤。所以我国与缅甸陆上交通自然早于海上。根据历史记载：公元1世纪缅甸北部有敦忍乙国，永元六年（94），敦忍乙王莫延慕义遣使译献犀牛大象；九年（97）遣重译奉国珍宝，和帝赐金印紫绶，小君长皆加印绶钱帛；永宁元年（120），国王雍由调复遣使者诣阙朝贺献乐及幻人（魔术师），明年元会，作乐于庭，封雍由调为汉大都尉，赐印绶、金银、綵、缯各有差；还有第三次遣使来朝在顺帝永建六年（131）冬。

掸国在伊洛瓦底江上游，即今称掸邦，在缅甸境内。掸国三次遣使通好，互相交

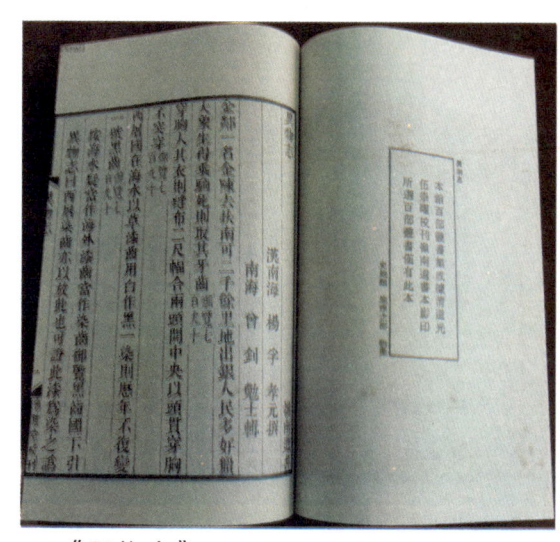
▲《异物志》

换礼品，说明两国开始建立邦交，其中也自然包含以物易物的官方贸易性质。两国人民的往来和贸易当然还在官方往来贸易之前了。同时史载汉永初元年（107）徼外僬侥种夷陆类等3000余口举种内附，献象牙、水牛、封牛。据民族学家说，僬侥种人是人形小、容貌黑的人，认为他们是从缅甸南部迁来的。我们认为缅甸的民族既然可以移居于我国郡内，则我国与缅甸相邻的边民也未尝不会移居入缅甸，不过官方素不重视，正史不屑记载而已。

中国与东南亚贸易的物品，中国以黄金、丝绸、铁器及其他土产来换取东南亚各地的明珠、璧琉璃、奇石、香料（鸡舌香，即丁香）、象牙、犀角、封牛及其他异物。《汉书·地理志》述番禺的情况说："处近海，多犀（角）、象（牙）、毒冒（玳瑁）、珠玑、银、铜、果布之凑。中国往商贾者多取富焉。"可见东南亚及印度的珍贵商品都是由商贾从外面运入南方都会之一的番禺。早期我国海外贸易的畅通，说明双方人民的友好接触。

第三节　唐宋时的华侨

■ 唐代的华侨

前已提到，汉代中国已经和印度尼西亚发生关系，以后这种关系还是继续发展。如所周知，东晋法显于义熙七年（411）从锡兰回国，中途遇台风，漂流到耶婆提国，逗留五月然后航行到广州。至于耶婆提一地有人认为是今之爪哇，也有人认为是苏门答腊。还没有定论，姑从爪哇之说。耶婆提显然是印尼一个大商港，因为同法显搭船到广州的有200余人，而且多数是商人。

公元5世纪刘宋文帝统治时期，印尼诃罗单国治阇婆时，曾六次来华奉送方物，甚至每年一度之密，可能属于朝贡贸易的性质。阇婆州就是爪哇。

隋代又将爪哇称为杜薄，即阇婆。中国史书又提到干陀利（位于苏门答腊）和婆利（在苏门答腊的巴厘）均与中国友好往来。

唐代称爪哇为诃陵国。诃陵国与中国进行朝贡贸易关系凡7次之多。

公元7世纪，有室利佛逝国出现，它的领域包括巨港（即现在的占碑地区），邦加和克拉峡，并控制马六甲海峡。因此成为中国和印度交通线上的重要港口，来往客商的人数显著增加。室利佛逝不仅是繁盛的商港，而且是研究佛学的中心。唐代著名僧人往往在此停留，翻译佛经。其中最著名的是义净。义净姓张，字文明，范阳（今河北省涿县）人，671年从广州乘船前往室利佛逝，受到国王的优礼。他在室利佛逝停留6月，然后到印度研究佛经10年，采了一些佛典返回室利佛逝，译成汉文。义净所著的《南海寄归内法传》是在室利佛逝写成而寄归中国的，他著的《大唐西域求法高僧传》，自称"从西国（印度）还，在南海室利佛逝撰，寄归"。义净在室利佛逝前后住了十二三年，可以说是印尼华侨了。还有一位高僧运期，他精通古爪哇语，居住在爪哇和室利佛逝，终老于印尼。他也是一个印尼华侨。还有不少僧侣长期住在印尼。他们在华侨史上应该占有显著地位。

阿拉伯人马素提在《黄金牧地》一书中指出，943年当他到苏门答腊时，看见许多中国人在岛上耕种，尤以巨港为甚，他们是在黄巢起义失败后迁居印尼的。这些起义失败而流寓国外的人，只有老死于侨居地，因此印尼华侨越来越多了。

上面提到室利佛逝这个国家，它的势力及于马来半岛。隋唐时代，马来半岛已有一些小王国，如赤土、丹丹、盘盘和狼牙修国。其中以狼牙修为最著，《梁书》卷五四有传。狼牙修大约在半岛北部，或即今之吉打和六坤之处。狼牙修是一个印度化之国，于515年、523年及568年曾遣使中国通好。没有任何文献谈到华侨，现从略。

缅甸境内还有一个继掸国而起的骠国。唐代史籍说它东西3000里，南北3500里，全国有9个城镇，298个部落，还有18个属国。骠国和中国一贯进行文化交流和经济交流。特别是"骠国乐"传入中国，产生不少影响。两国人民的交往和互相移植是比较频繁的。因为两国领土相接的关系，我们相信唐代的华侨大有人在。外国人至今还称移居外国的中国人为唐人，住宅区为唐人街，老华侨回祖国叫做回唐山。

■ 宋代的华侨

到了宋代（960～1279年），中国和东南亚各国人民的友好往来和经济、文化交流比前代更为频繁，互相了解的程度又加深了。

唐代东南亚各国的商船到广州、泉州、扬州、明州、交州贸易的很多。唐朝在海外贸易地方，设有市舶司来管理关于外国来航之贸易船与贸易商人的一切事务。东南亚商人来中国日多，而我国人到东南亚的也不会少。朱彧《萍洲可谈》卷二说："北人（中国人）过海外，是岁不归者，谓之住蕃。诸（蕃）国人至广州，是岁不归者谓之住唐。"因为来往于中国和东南亚的都是帆船，故必须依赖风向，即季候风。自南海至中国者，须在发西南风之旧历四月末至五六月之间。反之，自中国往南海者，则须在发东北风之十月末至十二月之间。所以两国商人因候风向至隔年才返者很多。东南亚人民留居中国五年十年不去的，甚至有五世长住于中国的。东南亚方面当然也有久居的华侨。特别在宋代更为明显。

宋代始有记述东南亚国家的书出现。例如周去非撰的《岭外代答》十卷就有一卷记载越南、柬埔寨、缅甸、印尼等国，还有赵汝适的《诸蕃志》也是记述东南亚各国风土物产的书籍。赵汝适曾任提举福建路市舶司，书中材料大部分是向海商调查访问的结果。其中有一条材料对于华侨史十分重要。他说："蒲甘国有诸葛武侯庙。"蒲甘在今缅甸。今之缅甸古代分为二国，北曰缅，南曰白古。9世纪初年，缅甸迁都蒲甘，故宋代典籍即以蒲甘名其国。蒲甘国有诸葛武侯（诸葛亮）庙，可以证明三点。第一，此庙一定是华侨们建立。第二，庙的建立年代可能在唐宋之间。第三，立庙必须有人侍奉香火，不能绝祀，可见华侨在缅甸之多，否则不能长期维持这个庙宇。

▲ 三佛齐地图

宋代中国与东南亚海岛国家的贸易往来最多的国家还是印尼。印尼在唐代曾崛起，以苏门答腊为都，雄踞巨港附近，控制马来半岛的大国室利佛逝，但到宋代又盛称三佛齐。据印尼史家考证："迦吒词国（即夏连特拉家族在爪哇建立的王国）位于现在的慕阿拉、达固斯地区，监巴尔河流域。迦吒词王国征服了吉打、克拉地峡和全马来半岛。在903年或904年征服了室利佛逝王国，从此以后，这两个王国总称为三佛齐。"

三佛齐与中国往来很密切。有宋一代，三佛齐国遣使来华进行朝贡贸易有20多次。宋朝收到他们礼物后，每优赐遣归。两年间赐钱64000、银10500两，可谓厚往薄来了。同时阇婆国亦优待中国人，"中国贾人至者，待以宾馆，饮食丰洁"。温斯泰德评三佛齐人变质而沦为海盗时说："当时三佛齐的人民将农业和正当的工作留给中国人去做，到后来中国人也腐化了，于是这一大帝国的都城都变成海盗的渊薮。"如果温氏的话确有根据，那么，当时必有许多华人从事农业和正当工作，而这些事是三佛齐人所不愿意干或不能干的。这又是宋代中国人久居于印尼之证。

宋代越南虽自立国，但仍与宋朝保持藩属关系，两国人民因交通比较方便，相互来往和移居的情况不减前代。编正史者视为当然，亦不详细记载。因为这个地区的经济和文化都与中国有密切关系，与远方的岛国不同。越南北部与中部自秦汉以来，其人民受中国教育，习中国文字。独立后，其一切行政组织、教育和科举制度，均模仿中国，甚至以汉文为官方及文学著作的通用文字，直至清末为止。在这种历史情况下，越南当地人民与华人久已杂处，越南的华侨问题反而不大受人注意。但仍有个别作者提到中国人移居越南及占城的事实。例如郑所南《心史》说："诸文武臣，流离海外，或在占城，或婿交趾，或别流远国。"即指宋末的遗臣在国内不能立足，流寓于越南等地。其人数当不少。安南虽然在宋代称藩于中国，可是叛服不常。嘉祐三年（1036）和嘉祐四年（1037）两次侵略我国南部的邕州和钦州，并俘虏大批吏民入安南，朝廷有旨切责，勒令送还掠去的人口。"始约归二州官吏千人，久之，才送民二百二十一口。"按安南屡次掠夺中国人口是难以估计的。二州的官吏归还的已有千人，则平民被掠去的定多几倍，而平民归还只有200多人，可见拘留在安南境的远不止此数。这些没有放还的华人，就是被迫而成为安南华侨了。越南邻邦的占城（旧称林邑，又称环王，唐末称为占城，今越南中圻、顺化、平定等地）也有不少宋人移居。例如《大越史记》记载："李神宗大彰宝嗣四年（1136）时帝病笃，医治无效。明空（华僧）治之，愈，拜为国师。"这是中国人移居占城的一个例子。

占城既有不少华侨，则与占城靠近的暹罗，也必然有华侨了。中国在隋代已同暹罗发生外交关系。《隋书》卷八二提到的赤土国，据当代学者考证，认为在今泰国南部的宋卡及北大年一带。隋炀帝曾派常骏、王君政等出使赤土，建立了外交关系。

赤土国至唐已衰落，中国史籍不载其名。代之而起的是堕和罗国。它和唐朝交换礼物，建立邦交。堕和罗，据考证，其地在今泰国南部地峡以北，其国都即今佛统。

宋代出现了泰国中部以今华富里为中心的罗斛国。我国泉州港有航线直通暹罗湾，沿克拉地峡东岸而入罗斛国，罗斛国屡派使者来宋进行朝贡贸易，两国商人的往来更不在话下了。长期流寓罗斛的亦大有人在。例如南宋的宰相陈宜中就于宋代易代之际，因避兵而取道占城转入湄南河上游的暹国，终老于其地。

综而论之，唐宋间中国人流寓于东南亚各国大约有三种原因。第一，因经商该地，适应当地条件，生活遭遇较好的。第二，被掠夺或被强制而长留在该地的，例如《岭外代答》说："东南海上，有沙华公国（菲律宾的三宝颜地区）。其人多出大海劫夺，得人缚而卖之阇婆。"中国海商也可能有此不幸的遭遇。上文谈到安南掠夺邕、钦二州的官吏和人民，不肯归还，也是属于这类。第三，因避祸逃兵而走入东南亚各国的几乎历代多有，上文已有举例，近代太平天国余部于革命失败后，不少人逃入暹罗及其他东南亚地区是其佐证。

12世纪，中国人往来流寓东南亚之多，自然有它的历史背景和经济原因。

宋朝在宋高宗赵构统治下，迁都临安（杭州），史称南宋。政治经济的重心既已南移，北方汉人亦大量南迁，使南方经济得到进一步的发展，特别是手工业和商业。海上交通和海外贸易的发达，促进了造船业的进步。周去非《岭外代答》说：航行南海的船舶舵长数丈，一船载几百人，积一年粮食，还能在船上养猪和酿酒。航行大海中，继续使用指南针（罗盘）来导航，不致迷失方向。这都是海外贸易的有利条件。

南宋在抗战时期，为着增加财政收入，鼓励海外贸易。以广州、泉州和明州为三大贸易港。广州在唐代、北宋时，已经是外商云集的最大港口，南宋时更为发达。据1140年的记载，一年收税110万贯。泉州在南宋时发展成一大港，外商侨居在泉州甚多。南宋输出到东南亚各国的商品，主要是瓷器和各种丝织品。《诸蕃志》记载，自东南亚至非洲有16个国家购买宋朝瓷器，铁器和漆器亦大量倾销海外。我国出口的商品都是生活必需品，对于提高当地人民的生活水平是有作用的。所以我国各种手工业品普遍得到东南亚人民的喜爱，而携带这些物品的中国人也同样受到东南亚人民的欢迎和尊重。除日用品外，输入东南亚的还有金、银和铜钱。我国商人本来用这些货物来交易土产，但不久它就成为普遍流通的当地硬币，有些当地居民甚至珍藏起来，作为纪念品或美术品。中国农业技术也跟着华人的到达而输入东南亚各国，如蔬菜瓜果的种植之类。此外，中国人所用的大秤，由于携带和使用方便，在印尼广泛使用，对于印尼的度量衡制度不无影响。

印尼史家陶威斯·德克尔在《印尼史纲要》一书中写道："我们的祖先是向中国学习用蚕丝纺绸的，不久，我们自己也会纺绸了。"

在经济和文化交流方面，东南亚各国人民对中国农业生产的发展，也有推动作用。占城稻成熟早，抗旱力强，并且"不择地而生"，易于普遍种植。1011年，福建取占城稻种3万斛，分到江、淮、两浙去种。这是互利互助的一个例子。

第四节　元明时期的华侨

■ 元代的华侨

元代初期，中国和越南、占城、缅甸及印尼的邦交曾一度破裂，双方发生军事冲突。这是封建制度国家的统治阶级之间常有的事，与人民毫无关系，两国人民谁都愿意和平共处的。幸而这些政治纠纷和军事冲突不久停息，双方又恢复邦交和贸易关系了。

元朝取代了宋朝的统治权后，不甘受新朝统治的宋朝遗民，有不少到越南。据越史载：他们"以海船三小艘，装载财物妻子，浮海来萝葛原。至元十二月，引赴京，安置于街备坊"。

又元兵南征，与越军交战于成子关，"昭文王日燏军，有宋人衣宋衣，执弓矢以战……元人见之，皆惊曰有宋人来助，因此败北。初宋亡，其人归我，日燏纳之。有赵忠者为家将，故败元之功，日燏居多"。可见中国人有不少在越南军中。

据《钦定越史通鉴纲目》卷八载：陈英宗兴隆十年（元大德六年，公元1302年）壬寅春正月，居北方（指中国）道士于安花坊。不事生产的中国道士还能集体住在越南一个地方，人数一定不少。其他从中国而来各行各业的人成为越南华侨的，人数自然更多了。

元周达观于元贞元年（1295）随使团往真腊（今柬埔寨）访问，

首尾三年始归，对当地情况颇为了解，著有《真腊风土记》一书，谈到一些柬埔寨华侨问题。

他提到死葬习俗说："今亦渐有焚者，往往皆唐人之遗种也。"这就是指此地华侨后人往往采用火葬。《马可·波罗游记》亦称火葬为中国异俗之一。

他又说："国人交易，皆妇人能之，所以唐人到彼，必先纳一妇人者，兼亦利其买卖故也……往往土人最朴，见唐人颇加敬畏，呼之为佛，见则伏地顶礼。近亦有脱骗欺负唐人，由去人之多故也。"可见当地人对中国人的尊重，后态度有所改变，由于华人来者日多，良莠不齐。华商到后，往往同当地人通婚，成家立业，作长期的定居。

他又说："唐人之为水手者，利其国中不着衣裳，且米粮易求，妇女易得，屋室易办，器用易足，买卖易为，往往皆逃逸于彼。"到处为家的水手，到了这个有利可图、衣食住及性生活容易解决的地方就会流连忘返，老死于此。

我们又从元汪大渊《岛夷志略》一书看到东南亚华侨的活动。由于中国人到东南亚地区进行和平贸易，友好往来，给当地人民以良好印象，受到尊重。例如，菲律宾的三岛，"男子常附舶至泉州经纪，罄其资囊，以文其身，既归其国，则国人以尊长之礼待之，延之上座，虽父老亦不得与争焉。习俗以其至唐，故贵之也"。

汪大渊谈到渤泥（今婆罗洲）时候说："尤敬爱唐人，醉也，则扶之以归歇处。"

马来半岛的古国龙牙门（约在吉打与

▲ 汪大渊像

北大年之间），"男女兼中国人居之，多椎髻，穿短布衫，系青布捎"。可见中国人在此地与当地人民通婚和杂处的不少。

婆罗洲有勾拦山，即格兰岛，元代有大批华人定居于此。《岛夷志略》说："国初，军士征阇婆，遭风于山下，辄损舟，一舟幸免，唯存钉灰，见其山多木，故于其地造舟一十余艘，若樯柁、若帆、若篙，靡不宜备，飘然长往。有病卒百余人不能去者，遂留山中，今唐人与番人丛杂而居之。"

从上面材料看来，宋、元之际，有些东南亚华侨聚居一处，自成村落，有些杂居于当地人民之间，与当地妇女成婚，开始同当地民族同化融合起来。这点在文献上是较为明显的。

华人出国绝大多数搭商船而往，主要附搭中国自造的大舶。这就和中国的对外贸易政策有关。从商船来往的次数多少，可以看出两国贸易的盛衰和两国人民友好接触的频繁或稀少。现在我们可以介绍一下元代市舶的大概。元代互市之法是在宋朝的基础上而加以变通的。

元自世祖（忽必烈）定江南，凡邻海诸郡与番国往还互易舶货者，其货以十分取一，粗者十五分取一，以市舶官主之。其发舶回帆，必著其所至之地，验其所易之物，给以公文，为之期日，大抵皆因宋旧制而为之法焉。于是至元十四年立市舶司一于泉州……立市舶司三于庆元、上海、澉浦……每岁招集舶商，于番邦博易珠翠香货等物。及次年回帆，依例抽解，然后听其货卖。

元代市舶司有泉州、上海、澉浦、温州、广东、杭州、庆元凡7所。市舶司有时合并，有时罢设，管理方法，亦常有变动。朝令夕改，使舶商无所适从，而且抽税越来越多，甚至有一个时期，金银钢铁及丝绸都不准输出。大德七年（1303）禁商下海，直到至治三年（1323）才听海商贸易，归征其税。这样做法，当然使对外贸易陷于困难，华人出国亦不如前代方便。不过元代"丝绸之路"还是疏通的。

■ 明代的华侨

洪武元年（1368）明太祖推翻了元朝的政权之后，对于海外贸易还是采取严格控制的手段，厉行"海禁"政策。除政府与海外贸易国家建立一定关系外，对于私人海外贸易一律禁止。其目的在于肃清元朝抗明残余势力，预防他们勾结海外诸国，组织力量准备卷土重来。并坚决制裁内地人民借贸易之名下海接济不逞之徒和反抗分子。所以规定金、银、钢铁、缎匹、兵器等为违禁品，而不许携带出口。明初倭寇在东南沿海骚扰，为着防倭，甚至不许渔船出海。所以明朝"三令五申"，一则出示"禁濒海民私通外国"；二则"申禁人民，不得擅出海与外国互市"；三则强调"敢有私下诸番互市者，必置之重法"。通过朝贡关系进行贸易的国家亦只控制到十多个国家，又一度废除广州、泉州、宁波的市舶司，禁止国人买卖和使用海外的香料。这样闭关自守的海禁政策，不能不使明初的海外贸易衰落下去，造成"诸番国使臣客旅不通"的现象。

直到永乐年间（1409～1421）情况才有所转变。一因西北边防和东南海防已逐步稳定，中央专制政权也日益巩固，海禁政策不像以前那样严格执行。二因农业和手工业生产都得到恢复和发展，商业资本也跟着活跃起来，生产出来的商品要求有适当的更多的销路，因而更加推动了发展海外

▲ 明太祖朱元璋像

贸易的要求。三因封建地主阶级分子，特别是东南沿海的大官豪绅，不少人把从农民身上剥削来的钱财投入商业活动，积累他们的资本，提高他们的经济地位，同时要从海外取得奇珍异宝，来满足他们的奢侈生活。四因明成祖巩固政权后，就想宣威海外，积极发展海外关系，以上国自居。即位后不久，就派太监马彬出使爪哇、苏门答腊诸国，李兴出使暹罗，尹庆出使满剌加、柯枝等国。永乐三年（1405）又有郑和下西洋的盛事。永乐初年，不仅恢复已经废除的福建、浙江、广东三个市舶司，还继续添置交趾、云南市提举司（市舶司置提举官以领之）。并置驿于福建、浙江、广东三市舶司来接待外来客商。福建曰来远，浙江曰安远，广东曰怀远，都包含着招徕和柔远之意。其接待对象就限于"西南诸国朝者"。可见那时候的海外贸易还是以朝贡贸易为主。所谓朝贡只是形式，通商却是实质。海外来的使团人数没有规定，一来就是一大批。常来的货物就在会同馆开市出售。进贡于皇帝的物品，也获得加倍的赏赐。我国封建君主对于外邦朝贡礼品的回答，往往采用"厚往薄来"的原则，以示大度和大方。这样一来，朝贡贸易的次数自然增多。海禁宽弛之后，中国与外国人民的相互往来和贸易也越来越频繁了。

自永乐三年后遂有郑和七下西洋的大事。郑和自永乐三年至宣德八年（1405～1433）7次出使西洋，历时29年，访问国家凡30多个。从中印半岛到印度半岛，从阿拉伯半岛到非洲东岸。其中东南亚国家和地区有14个。郑和下西洋的目的主要在发展海外贸易关系，同外国建立政治关系，换言之，即建立"宗主"和"附庸"的关系。使船所到之处，以金银钱钞、上等丝织品、瓷器和其他手工业产品来换取当地土产如象牙、犀角、明珠、异香之类。这是互助互利的公平交易，普遍受到海外人民的欢迎。他们也乐意中国人移居其地，共同发展生产。

郑和使团下西洋是具有和平使命的，所到之处，都尊重被访问国的主权、当地的人情习惯和宗教信仰。公元8、9世纪，伊斯兰教已逐步传入印度和马来半岛各地，信奉伊斯兰教的阿拉伯和波斯商人在印度洋非常活跃，通过海上贸易进行传教，到10世纪，发展相当迅速。一人信奉伊斯兰教，全家人都入教，国王或部族首领信奉伊斯兰教，全国或整个地区的人几乎都成为教徒。明帝遣郑和下西洋固然用人惟贤，但也可能因为郑和是伊斯兰教徒，从宗教角度考虑，故有此命。郑和的部下也有不少伊斯兰教徒，除《瀛涯胜览》的作者马欢，还有一位精通阿拉伯文的回教教长哈三随行，担任翻译。郑和使团对异邦的友好态度是值得赞许的。使船一到，出现了"天书到处多欢声，蛮魁酋长争相迎"的热闹场面。关于郑和出使西洋（包括东南亚、南亚、西亚及非洲一些国家）的情况，具载于马欢《瀛涯胜览》、费信《星槎胜览》及巩珍《西洋番国志》三书，不述于此。

15世纪，我国航海事业的发达，没有任何其他国家能够比得上，中国船舶在印度洋上畅行无阻。郑和船队七次远航，由南海入印度洋进入波斯湾而到达非洲东岸之举，比哥伦布及瓦斯科·达·伽马发现新航路还早数十年。西方学者也一致承认郑和是世界伟大的航海家。奥古斯特·图森说："中国人在公元1世纪，已经和南部印度进行贸易；在7世纪，他们就进入了印度洋最勇敢的航海家的行列；在9世纪，他们就有了比阿拉伯人或泰米尔人所造的船更为灵巧的远程帆船；在13世纪，人们开始感觉到了他们在孟加拉湾的海上优势。在15世纪前半个世纪……由郑和统率的7个巨大的海军远征队访问了印度洋东西两个海域的主要港口，要求进贡和服从中国皇帝。然而，在1433年，当中国拥有一切必要的东西——好船、火药和指南针，可用以取得对印度洋诸海控制的时候，突然，由于一些不知道的原因，中国忽又掉头离开了这个海洋。"15世纪后期，中国政府已不再派遣庞大舰队出入印度洋了。其原因是多方面的：（1）郑和等七次出洋，极为耗费，劳民伤财，国库锐减。虽然"所取无名宝物，不可胜计"，但大都不是人们日用的必需品，因此引起大部分人的反对，朝廷不再派遣下洋的舰队。（2）历次到西洋贸易的宝船，带回大批海外特产，其数量大大超过统治阶级的需要，存货山积，供过于求，南京文武官员的俸米，曾一度用胡椒和苏木折钞支付。胡椒每斤准钞100贯，苏木每斤准钞50贯。在钱钞不足而洋货过剩的情况下，实无必要向外洋大规模输进商品了。（3）永乐、宣德二朝为明代国势最盛的时代，此后由于农民起义和统治阶级的内讧，国势逐渐衰落，明朝已不能再作"耀兵异域，宣威海外"的豪举了。

宣德八年（1433）后，不闻明朝有大规模派船出国贸易的事。不过民间出洋谋生和贸易更多于前，中国帆船还是出没于印度洋上。直至16世纪西方殖民者东来后，局势才有所改变。

根据郑和的随员马欢、费信和巩珍的记录，东南亚的华侨已经聚族而居了。例如爪哇有一处名杜板，"此处约千家，以二头目为主。其闻多有中国广东及漳州人流居此地，鸡羊鱼菜甚贱……于杜板东行半日许，至新村，番名曰革儿昔，原系沙滩之地。盖因中国之人来此创居，遂名新村，至今村主广东人也。约有千余家。各处番人多到此买卖。其金子诸般宝石一应番货，多有卖者，民甚殷富。自新村投南，船行二十余里，到苏鲁马盖，番名苏儿把牙，其港口流出淡水，自此大船难进，用小船行二十余里至其地，亦有村主，掌管番人千余家，其间亦有中国人"。他又说："国有三等人：回回人，唐人和土人。""一等唐人，皆是广东、漳、泉等处人窜居此地，食用亦美洁，多有从回回教门受戒持斋者。"可见此地伊斯兰教的盛行，华侨亦多信奉。

还有爪哇属下的旧港，即渤淋邦，古称三佛齐。"国人多是广东、漳、泉州人逃居此地，人甚富饶，地土甚肥。谚云：一季种谷，三季收稻，正此地也……昔洪武年间，广东人陈祖义等，全家逃于此处，充为头目，甚是豪横，凡有经过客人船艘辄便劫夺财物。至永乐五年，朝廷差太监郑和等统领西洋大宝船到此处。有施进卿者，亦广东人也，来报陈祖义凶横等情，被太监郑和生擒陈祖义等回朝伏诛。就赐施进卿冠常，归旧港为大头目，以主其地。本人死，位不传子，是其女施二姐为王，一切赏罪黜陟皆从其制。"

按渤淋邦本是三佛齐属地，三佛齐灭亡后，华人流寓者起而据之，名之为旧港。《明史》关于流寓旧港的华侨记载很详。据说："有梁道明者，广州南海县人，久居其国，闽粤军民泛海从之者数千家，遂推明为首，雄视一方。会指挥孙铉使海外，遇其子，挟与俱来。永乐三年，成祖以行人谭胜受与道明同邑，命偕千户杨信等赍敕招之。道明及其党郑伯可随入朝贡方物，受赐而还。四年，旧港头目陈祖义遣子士良，道明遣从子观政并来朝。祖义亦广东人，虽朝贡而为盗。海上贡使往来者苦之。五年，郑和自西洋还，遣人招谕之，祖义诈降，潜谋邀劫，有施进卿者告于和。祖义来袭，被擒，献于朝，伏诛。时进卿适遣婿邱彦诚朝贡，命设旧港宣慰司，以进卿为使，锡诰印及冠带。自是屡入贡，然进卿虽受朝命，犹服属爪哇。其地狭小，非故时三佛齐比也。二十二年，进卿子济孙告父讣，乞嗣职，许之。洪熙元年，遣使入贡，诉旧印为火毁，帝命重给，其后朝贡渐稀。"

从上文来看，梁道明可能是一个私商，长期在旧港做买卖。此地很肥沃，容易生活，又是一个良好港口，贸易方便，所以许多福建的海商都集中在这个地方成家立业，以数千家而论，大概有过万人了。为首的梁道明当然可以"雄视一方"了。梁道明的身份可能是"港主"。

明成祖既然召他回国，他本来可以不受约束的，但不妨通过朝贡方式来进行一次贸易。至于陈祖义，一个旧港头目。他"甚是豪强"，而此地"人多操习水战"，可能别处商船路经港外，陈祖义等人要收他们的买路钱，或者强迫他们的船入港进行贸易，以便抽税。究竟陈祖义有无潜谋邀劫郑和的舰队之事，如《明史》所载，亦无佐证，他与施进卿的关系亦不明了。所以"姑妄听之"。

据友人陈育崧的考证：施进卿是满者伯夷王委派到旧港管理宗教和行政事务的大臣，号"旧港管事官"。他最少有二女一子。俾那智是最大的女，其次是二姐，即施二姐。济孙可能是独子。施进卿死于永乐十九年（1421），死后家庭分裂，施二姐变为旧港大头目。济孙为着争权，向明朝请求承认，明朝答应。所以郑和不得不过问这件事情。郑和第六次下西洋，于永乐二十二年（1424）一月从中国起航，同年八月就回航了。所到的地方只限于旧港，似乎专为解决这件事情。但郑和此次没有完成任务。因为马欢于1431年最后一次下西洋还见施二姐当权，济孙默默无闻了。俾那智又不在巨港。

俾那智走入爪哇，满者伯夷国王任她为革儿昔的港主。港主的地位很重要，她是国王与外商之间的联络人。负责抽收下碇税和商品入口税，有类于中国唐、宋、元、明的市舶司。

郑和与施进卿的关系非比寻常，其中之一就是宗教关系，两方都是回教徒。否则施进卿死后，郑和就犯不着冒风浪远来过问施氏家事了。

▲《明史》总编纂张廷玉像

东南亚地区关于郑和的传说是很多的。例如印尼三宝垄的华侨中就盛行下面的传说。

约在 550 年前，明成祖派舰队到南洋搜寻被一头大白象带走的国玺。在三宝太监指挥下，舰队由太平洋群岛到阿拉伯，访问了许多地方，使许多国家归顺明朝。

当舰队驶到爪哇北岸，三宝的副手 Ong King Hong（王景弘）病得很严重，三宝下令舰队在一个湾下碇，即今三宝垄港，然后用他的座船驶入加隆河，离岸不远，发现山边有一个山岩洞，暂时可以栖身，三宝的随从人员就筑起一小屋给病人疗养。三宝配制一些药物给病人，病情渐有好转。约十日后，三宝决定继续航行，留下一艘船、10 名人员和足够的给养品给王景弘。

王景弘休养的时候，就指挥随从的人清理土地，种植庄稼，建筑房屋。甚至完全复原，他不回中国，而用他的船来贸易，来往爪哇北岸。他的部下也和印尼妇女结婚。这个华侨区逐渐繁盛起来，许多印尼人也在他们附近建立农庄，成为华侨区的一部分。

王景弘像三宝一样，是一个虔诚的回教徒。他把回教的道德观念、教理和宗教仪式，传授给印尼人和中国人，花费了不少精力和时间。此外，又劝他们尊敬三宝的伟大成就和崇高品德。他在岩穴中置三宝的小塑像，按规定时间率众进行礼拜。王景弘 87 岁才死，丧葬采用回教仪式。他死后被称为"三宝的可敬的航海家"，按照爪哇历规定的日期，印尼人和中国人共同进行礼拜。三宝亦享有尊号，称为"伟大的三宝"。中国阴历每月初一和十五，当地人都前往烧香礼拜。这个地区越来越繁荣了，人民对三宝和王景弘的敬意还是不衰。三宝垄城终于建立起来，人们就把三宝作为保护神来祀奉。

郑和是否到过三宝垄和王景弘是否留在印尼的事，中国史没有记载，但我们不能因为没有记载就完全否定这件事情，而且古代的传说往往不能与历史事实截然分开。三宝垄的华人从不怀疑郑和来过三宝垄，而且在今天岩穴地址附近登陆，也确实在此地立庙来纪念他。不论有无其事，但最早在三宝垄建立居留地的就是中国商人。而辛勤开发这个地区的也就是中国人，这是大家承认的。

在15世纪初，中国与马来半岛的满剌加（今马六甲）发生政治关系。当时满剌加服属于暹罗，永乐元年（1403），遣尹庆出使某地，赐以织金文绮、销金帐幔诸物，其酋拜里迷苏剌遣使随庆入朝贡方物，明成祖封为满剌加国王，赐诰印、彩巾、袭衣、黄盖。郑和于1409年亦访问过满剌加。满剌加王于1411年曾率妻子陪臣540余人来中国，回时受赏赐甚厚。

中国和满剌加的政治关系和贸易，《瀛涯胜览》《星槎胜览》及《西洋番国志》都有记载，因没有提到华侨或华侨居留地，故不多述。究竟15和16世纪满剌加有无华侨或长期侨居于此的中国人呢？我们从其他古书上能找出一些资料。例如黄衷《海语》卷一关于满剌加条说："俗禁食豕肉，华人流寓或有食者，辄恶之，谓其厌秽也。"这说明满剌加人信奉回教，不吃猪肉，而华人是吃的。又如《明史·满剌加传》说："男女椎髻，身体黝黑，间有白者，唐人种也。"这就是说明当地华侨有在本地通婚，生儿育女之事。

在外文资料中，也可以找出有关满剌加华侨的佐证。例如1511年攻占满剌加的葡将达·阿尔布尔克的《纪事》说，满剌加第二个国王沙肯达尔萨娶了"中国船长大王"的女儿。谁是中国船长，可以不必理会。但这位船长必然久居满剌加，和当地妇人结婚后生的女孩子，长大后嫁与国王。他也许是满剌加的华侨首领，拥有王者之权。我们知道，没有长期侨居的资格和集团势力的人，是不能当上港主这种重要职位的。

据 1613 年伊里狄所绘的满剌加城市图，在满剌加河西北，标有中国村（今吉宁仔街至水仙门一带）、漳州门及中国溪三名，即华侨的居留地。城的东北隅有三宝山（或称为中国山），高 39 英尺，自明末清初已成为华侨公墓。山麓有井，亦名三宝。人们相信为郑和随从所掘，井水清冽，五百年来未尝变味。我们从上述材料看来，15、16 世纪满剌加确有华侨存在，甚至建立了华侨区。

明代黄衷的《海语》一书，专记满剌加及暹罗之事，因为 15 世纪末 16 世纪初，广东省人到这两国贸易的很多，回国的华侨海客亦不少，都向黄衷提供一些新的情况，所以《海语》一书自有它的特点，比清人编的《明史》翔实得多。《明史·暹罗传》没有提到华侨，而《海语》就谈到了。它说："有奶街，为华人流寓者之居。"这就是说，15 世纪末 16 世纪初，暹罗已有"唐人街"了。根据史籍，移居暹罗的华人以广东的潮汕人和福建的漳泉人为多。

关于明代中国人移居菲律宾的情况，中国古书上记载不够具体，特别是西班牙殖民者占领菲律宾后，中国方面更不容易了解菲岛华侨的情况。但西班牙人还是有些记载。1570 年，侵略头子累加斯皮说："在城（马尼拉）内居住的有 40 个已经结婚的中国人和 20 个日本人。"又 1571 年，有一个佚名的作者说："所有中国人，男女在内，数约 150 人。"直至万历年间，张燮在《东西洋考》中才谈到菲律宾华侨的事情："华人既多诣吕宋，往往久住不归，名为压冬，聚居涧内为生活，渐至数万，间有削发长子孙者。"可见菲律宾华侨人口 50 年内由数百增加到数万，可谓发展迅速了。

"婆罗（又名文莱）……为王者闽人也；或言郑和使婆罗，有闽人从之，因留居其地，其后人竟据其国。"婆罗是一个小地方，而为王者是闽人，可见华人留居此地一定很多。

海盗林凤

林凤也是明代有名的海盗，在华侨史上有一定的地位。林凤是潮州人，是与林道乾等同时在南海活动的有名海盗，拥众数千人。万历元年（1573），屯南澳的要口淡水澳，求招抚，提督两广军务的凌云翼不许，遂奔澎湖，转入台湾的魍港（一称蚊港，在今台南县虎尾区）。是年冬，进侵柘林、靖海、碣石，后犯福建，失利退回潮州。由于官兵四面截击，于是扬帆出海，直指吕宋，曾一度攻入，后被西班牙人击退，林凤率众离开吕宋。

西方文献对林凤事迹，时有记载，特别以西班牙人的资料为多，因为林凤和菲律宾发生关系。林凤的名字，西人称为林阿凤，据说是出自厦门话，所以有些人译为李马奔，可是有些西方学者把林道乾和林凤混为一谈，说林道乾就是林凤，这当然是误会。当时都督俞大猷著的《正气堂集》卷一所载《与凌云翼书》提到："海贼林道乾逃去西南番柬埔寨，上山居住，所无复回之理，若回，势亦不大，容易灭也。唯林凤逃去东南吕宋海中，暂时泊船，势还复回，但得六水寨、二参将兵船齐整，何患不能扑灭乎？"主持剿寇的俞大猷也说林道乾和林凤分别逃到东南亚的柬埔寨和吕宋，可见前者不是在中国被困时"赴水死"，而后者在海上亦未被"讨平"。由于林道乾和林凤都是广东潮州人，既同姓，又同时，而且又是活跃于南海的著名海盗，所以有些外国学者把二人合而为一，即使是当代研究华侨史享有大名的珀塞尔博士在他的名著《东南亚华人》一书中，还是沿着前人之误而未加纠正，可谓千虑一失了。

第三章
17~19世纪的华侨

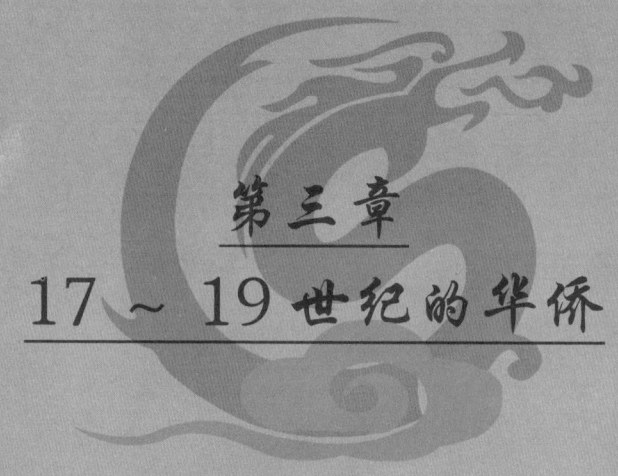

　　15世纪以后,随着地理大发现而来的是欧洲人在世界范围内的殖民开拓,全球化时代由此来临。欧洲人殖民活动带动世界各洲间商品交换和经济交流日益频繁,催生了世界性贸易网络,并进一步刺激了殖民扩张、地区性的经济开发和世界性的移民热潮。在南洋,西班牙人建立的以菲律宾群岛马尼拉为中转站的大帆船贸易,将美洲的白银运到马尼拉,再通过华舶运入中国。东方的各种商品,如东南亚的香料,中国的丝绸、瓷器,日本的贵金属、刀等商品通过欧洲人开拓的东方航线源源不断地运抵欧洲。全球贸易的发展带动了各地区商品经济的发展,既刺激了明中叶以后中国海商水手和沿海居民以更大的热情出洋贸易,也刺激了南洋的开发,创造了前所未有的大量谋生机会,掀起中国海外移民的第一次高潮。

第一节　中南半岛的华侨

除泰国外，中南半岛的越南、柬埔寨、老挝和缅甸与中国山水相连，中国移民循海路、陆路均可前往。但海运便捷，移民成本低廉，绝大多数中国移民均循海路。

■ 越南和柬埔寨的华侨

越南长期分治，大体可分为北部、中部和南部地区，17世纪以来都是中国移民的目的地。在17世纪中期之前，越南南部仍是柬埔寨领土。直至19世纪初，越南才建立起由中央政权管辖的统一国家。

越南与中国海路便捷，向来是中国遗民逋亡之地。明末清初，有大批中国遗民逃往越南。北方安南接壤两广、云南，安南王恐清朝怪罪，不愿接纳明末遗民。因此，明末遗民多逋亡广南。福建长乐人郑会不愿遵守清朝的变服剃发之令，留发南投广南，客寓边和。承天明香社陈氏家族第一世陈养纯，避乱南来生理，衣服仍存明制。安南《黄氏家谱》、阮朝《李氏家谱》等众多越南族谱记载，其先祖都是义不仕清、与众人航海南逃的。余缙《属国效顺疏》谓，自明末以来，士民流寓广南国者以亿万计。

明末以来，安南东京、广南会安、柬埔寨篱木洲等港，一向是华商辐辏之地。清初战乱期间，虽然朝廷颁布海禁，福建、广东藩王仍暗通海外，闽粤商船仍可往广南与柬埔寨贸易，随船而往的中国移民当然不在少数。

1671年，广东雷州人莫玖南投柬埔寨，得柬埔寨国王宠信，遣他开垦荒野地，开署立衙。莫氏大规模招徕闽粤移民，在河仙垦殖谋生，河仙渐成华侨聚居之地。

1679年，明广东省镇守龙门总兵官杨彦迪、副将黄进，镇守高、雷、廉等处地方总兵官陈胜才（陈上川）、副将陈平安等，率领兵弁眷三千余人、战船五十余艘，往广南思容（今顺化港）、沱㶞（今岘港）二港，求广南王收容，自称"大明国遗臣"，不肯臣清，南来投诚。广南王遣他们往邻国柬埔寨的东浦（嘉定古名）开荒辟地以居。杨彦迪、陈上川等率部艰苦创业，招徕中国移民，辟闲地、通沟渠、构铺舍，东浦逐渐成为华侨、西洋、日本、阇婆诸国商船凑集、华风蔚然之繁盛商埠。1698年，阮氏又在南圻设立镇边、藩镇两营，吸引清人来商，形成以后的清河社。

会安自明末以来，一直是华商贸易重地。据荷兰东印度公司的档案记载，在1642年，会安的日商为四五十人，华商为四五千人，也有华侨在当地入仕。这些华侨均无须向官府纳税，故乐意长驻当地。至17世纪末，原为百粤千川舟楫往来之古驿的会安，已成为五湖八闽货商络绎之通衢，聚集大量华商，唐人街长达三四里。船主、客商几乎都是闽粤人，尤以闽商为主，即使是浙江宁波船，其船主亦多为泉州人。1695年应广南王之请前往传道的广州长寿寺僧大汕，所搭乘商舶的随船中国客商达四五百人。据1744~1746年会安明香社注册簿显示，每年有35~40名华人从中国迁来并加入明香社，其中大部分都是来自福建的20岁左右的未婚男子。18世纪50年代，每期多达60艘的中国商船从中国各个港口驶抵广南，尚有澳门、巴达维亚和法国的货轮。

到1768年，会安华商人数增至6000人。

除海路赴越以外，中越山水相连，村寨相接，沿边民人或赴彼佣工，或往彼贸易，自宋代以来皆然。18世纪初，中国人大规模循广西和越南的陆路赴越南北部经商和采矿。

安南北部铜、银矿场大部分分布在中越边境地区，有宜兴、太谅、宣光、聚龙、兴化、呈烂、玉碗、太原、爽木、安欣、廉泉、送星、务农、金马、三弄金厂，昆铭、牵肠、谅山、怀远等铜厂，南昌、隆生等银厂。因本地人不习烹炼法，安南当局听任中国人往采，仅设官收税而已。当地官员还特别招募中国矿商前来采矿，矿商再招本籍乡亲入越为矿丁，因此越境赴越采矿者络绎于途，多到"一厂佣夫至以万计"。由于华商、华工聚居矿区，形成大规模华侨社区，各类中国商贩也随之而往。广东钦州所属之东兴街和思勒峒二处，紧邻安南，出境私贩和居住如家常便饭。云南之开化、广南二府，千里边界均与交趾毗连，大小道路在在可通。滇南各土司及境外诸夷的日常食用货物，大多由内地贩往。每到秋收以后，云南边民就相率出关贸易。

由于赴越采矿利润甚丰，出国者不光来自两广、云南，中国大陆其他省份的人也涌到安南。1743年，广西巡抚杨锡绂奏称："不独粤西，即云南、广东、福建、江西、湖广等省民人往交贸易及开挖矿厂者，亦不可胜数。"1768年，仅安南太原送星银厂内已聚五千余众。至该厂生产高峰的1774年时，人数达两三万。云南边外都竜、波象、波违等厂，内地民人聚集开采者，不下十余万人。众多华侨矿工和矿商，其食、用几乎全部仰赖国内供应，因此还有很多内地客商入越，为矿区华工提供各种商品。

接邻两广的安南北部矿商及矿工大多是广东人，尤以来自潮州、嘉应州的客籍者居多。此外，还有来自广西、江西、湖南、福建各省的矿商及矿工。

近云南的越北厂矿则以江西、湖广人居多,这是因为从明末以来,多由江西、湖广人携资入滇开矿。由滇及越,资本易筹,矿丁易聚。凡边外有一旺盛之厂,华商矿丁立即闻风云集。1775年,安南黎郑政权以华侨矿厂滋事为由,派兵查封矿厂,撤毁寨栅,驱散在厂矿工、商贩,将"滋事"的首从各犯悉数抓获,咨文解送中国两广地方官府。清朝下令关闭广西沿边的通商关隘,同时派军实地稽查,"毋许一人出口,并饬永远遵行"。北越华商华工大多星散,或潜行回国,或融入当地社会。1792年,中越复开关通市,两广、两湖、江西等省远近商民,再次踊跃趋赴安南。

缅甸与暹罗的华侨

早在15世纪末,缅北陆路河道汇通之地的八莫,已是吸引华商的重要商埠,内地和云南大理犯事逋逃之民,有很多逃到八莫。

17世纪中叶以后,首批大规模入缅之移民,是随南明永历帝逃往缅甸的部众。1659年,南明永历帝抗清受挫,败入缅北。其从行者数千人陆行纤道入缅。逃至缅甸八莫,只剩1450余人。到缅都阿瓦城时,仅存646人。永历一行在缅都阿瓦城东驻下,被缅王软禁。另有南明溃兵3000多人沿江逃往下缅甸白古,或遁往暹罗。拥戴永历帝的南明李定国、白文选、祁三升等将领,为救出永历帝,也各率部入缅,与缅军鏖战,但终不能胜。屡败后,部分余众星散后遁入缅北。1661年,吴三桂率清军攻至阿瓦城,缅王莽应时缚永历帝献给清军。

17世纪后期到18世纪前期,滇缅边境贸易仍通。清律只禁止内地民人潜越开矿,不禁商贩,中原各地商贩出关互市者岁不下千百人。还有不少在滇开矿的内地各省矿主,潜赴缅北采矿。

18世纪中期,很多滇省边民前往缅甸木邦种植和贩运棉花。木邦地广人稀,土性宜棉,内地人多前往种植。到收获时,内地客商再贩回内地售卖,岁以为常。更多人则是潜往缅甸开采银矿。内地贫民在缅北大山的新厂、老厂开矿,以江西、湖广人最多。1767~1769年,清缅大规模开战,在战争中溃散及被俘的清朝官兵,留居当地,或从事种植,或充当工匠,大多娶缅妇为妻,定居当地。1790年,中缅边境重新开关通市,商民再次大批涌入。

19世纪前期,滇缅边贸繁盛,大批滇人入缅,很多是来自腾越的回民。他们从云南携入丝、茶和各种手工艺品,由缅甸运出棉花。这一时期,曼德勒旧城已有近1万名滇商寓居。每年年底抵曼的滇商马帮,每帮50~100人。开春正月抵曼的滇商每帮少则200人,多则上千人,每年滇商过缅者达五六千人。

中暹政治和经贸关系密切,暹罗王室重用华商发展对外贸易,中国移民广受暹罗朝野欢迎,导致17世纪到20世纪初中国人持续不断地移民暹罗。自明代后期以来,暹罗王室就赋予华商在暹罗各地自由贸易的权利。明末清初时,虽然中国东南沿海战乱不断,但中暹私人贸易仍通,中国商民赴暹仍然不绝于途,很多广东和闽南私商在阿瑜陀耶、曼谷、六坤、宋卡和尖竹汶等地贸易。暹罗还是明清鼎革时期东南沿海军民的逋亡之地。潮州人多逃往东南部

▲ 云南马帮

的春武里，闽南人多逃往南部的宋卡。

据17世纪中叶荷兰东印度公司驻暹罗商务官范维里特记载：暹罗有许多华侨居留，为国王所敬重，被认为是最有能力之代理商、贸易商及船主。不少人拥有较高社会地位或被任为官员。暹罗王室重用华商于对华贸易，固有闽粤华侨善于经商，擅长航海及与暹人社会宗教习俗相似之因素，但最重要的因素是华商熟悉中国商贸，中国帆船的华侨舵工、水手在中国口岸仍享有种种特别便利，故王室贵族选择华商经营国家贸易。东亚水域商圈很大程度上被华商网络覆盖，长崎、马尼拉、吧城、广南等各港的对外贸易，多由华商操办，因此，暹罗王室派往日本和南洋港口的贸易船，其船主、副船主和搭载人员，也几乎全为华侨。

居住在暹罗的华侨利用暹罗贸易船在中暹之间往来，中国移民也能混入贸易船前往暹罗。由于17世纪到20世纪初的中暹关系良好，视海外移民为"弃民""奸民"的清朝政府，唯对从事中暹贸易和航运的暹罗华侨网开一面，不予按律羁留。1721年，抵广东之暹罗贡使船内，有郭奕迤等156名久居暹罗的福建、广东籍商人、水手，被恩准回暹。此后，随贸易船来华的暹罗华商、水手，都未被责罚。暹罗王室不但准许运载移民的华船抵暹，而且允许暹船运来中国移民，因此，移民暹罗者源源不断。华侨住暹，多娶当地女，弃汉俗，衣食一如暹罗。国王亦择其聪明者授以官职，使理征赋贸易之事。

18世纪前期以后，中国东南沿海发生米荒，朝廷令商民从暹罗贩米接济内地。闽粤商民纷纷请照赴暹造船贩米，乘机携带大量移民，滞留暹罗不归。如潮州澄海，至18世纪后期，商民领照赴暹罗等国买米已有40余年，但此项米船有去有回者，不过50%~60%，其余的应当都是以贩米为名行移民之实的商船。

潮州裔华人郑昭（暹名"达信"）成为暹罗国王，是对18世纪中国人移民暹罗影响最大的事件。1767年，潮州裔土生华人郑昭建立吞武里王朝，开始大量招徕中国移民，尤其是其潮州同乡。此后潮州人相继大批赴暹。樟林港为潮州红头船发舶之地，大批潮州人从水路来到暹罗湾东岸各埠，如桐艾、尖竹汶、春武里、北柳府和曼谷。19世纪前期赴暹的英国人柯劳福记载：郑王的同乡是在他大力鼓励下，才如此大批被吸引到暹罗来定居。华侨人口的这一异常扩张，几乎可以说是暹罗数百年中所发生的唯一的重大变化。郑昭之前，暹罗华商中闽南人居多。此后，潮州籍华侨数量逐渐超过闽南人，并取代闽南人在中暹贸易中的主导地位。18世纪后期，暹罗华侨所纳的人头税每年20万。根据华侨所纳人头税额来推断，20岁以上华侨已达10万之多。如果加上其家眷及未纳税者，暹罗华侨数量应数倍于此。

1782年，曼谷拉玛王朝建立。在拉玛一世至三世期间（1782～1851年），暹罗政府力图通过发展商贸而富国，善贾的中国侨民受到史无前例的鼓励。除了极少数地区外，曼谷大部分地区的华侨人数多于当地人。这些华侨仅少数来自江浙和江南其他地区，多数来自广东和福建两省，自海南来暹者也为数甚多。

第二节　南洋海岛国家的华侨

南洋海岛国家包括印度尼西亚、文莱、马来亚、新加坡、菲律宾，与中国一衣带水，隔南海相望。19世纪中叶以前，印尼大部分地区为荷兰殖民地，新加坡、马来亚和包括文莱的北婆罗洲为英国殖民地，菲律宾为美国殖民地。自宋、元以来，这些地区都是中国帆船和华商的主要目的地。

■ 菲律宾与荷属东印度的华侨

华侨寓居菲律宾可溯自宋代，但持续大规模移居菲律宾，则是在西班牙殖民菲律宾以后。1571年，西班牙人在马尼拉设立殖民政府，建设贸易城堡和市场，以便与中国商人直接贸易。马尼拉殖民政府开辟马尼拉—阿卡普尔科航线，通过"大帆船贸易"，连接东亚与美洲的贸易市场。主导中国商品和东亚海域贸易的中国海商，是西属菲律宾殖民政府刻意招徕的对象。明代后期中国出现"银荒"，而商品经济的发展急需白银。西班牙商人从墨西哥阿卡普尔科港携带大量银元到马尼拉，对华商无疑有巨大的吸引力。因此，大批福建华商从月港前往马尼拉贸易。

随着中菲贸易的发展，留在菲律宾群岛"压冬"（留居过冬）的华商和随船到菲律宾群岛充当工匠的民人越来越多。根据西班牙殖民者的记录，1571 年在马尼拉的华侨仅 150 人，1588 年已增至 10000 人，1596 年增至 24000 人，1603 年已达 30000 人。华侨激增引起殖民当局的忌讳，恐菲律宾群岛华侨勾结中国官府危及其殖民统治，于 1603 年对菲律宾群岛华侨大开杀戒，几乎尽屠马尼拉华侨，仅有数百人乘船逃逸。屠杀过后不久，中国移民复至。1606 年，殖民政府规定菲律宾华侨最高人数为 6000 人，以后多次重申此项限令，对不断移入的华侨实施定期驱逐。

顺治、康熙年间，清朝与郑氏政权在闽南反复拉锯作战，居民不堪战乱和海禁迁界之苦，避乱海外，菲律宾为避难地之一。1683 年台湾郑氏政权覆灭后，吕宋是台湾郑氏余部的逋亡地之一。海禁开放后，中国帆船蜂拥出洋。很多船借贸易为名，实际上偷载大批移民。闽南人借机大批潜入菲律宾。1685 年，官府查获船户刘仕明赶缯船一只，他领关票出口往吕宋经纪，其船甚小，所载货无多，附搭人数竟达 133 人。1681～1690 年，已经有 89 艘华船抵达马尼拉。当时，马尼拉华侨复聚约 6000 人。此后，中国帆船抵菲数量略有增加。至 18 世纪初，每年抵马尼拉的华船约在 12 艘以上。伴随着商贸发展，搭载商船前往菲律宾谋生者日多。

18 世纪中期是华民渡菲的高潮。前往马尼拉的中国移民也散入邻近地区与吕宋。1740 年，马尼拉华侨已增至 2 万人。到 1749 年，全菲有华侨 4 万人。此后，菲督多次颁布排华令，中菲贸易也逐渐衰落，而此时南洋其他地方商贸更兴，华船和移民来菲迅速减少。1757 年，入马尼拉港的华舶仅 7 艘。到 1764 年，大陆赴吕宋的船舶只剩下 5 艘。1778 年，菲督撤销全面排华令。1785 年，菲殖民政府在庞邦加建 200 人居留地，容许华侨在此开发，但规定入境华侨要宣誓只能务农。尽管允许少数中国移民入境，但居留者被课以各项重税，中国移民仍视菲律宾为畏途。到1828年，全菲登记的华侨仅5708人，其他华侨或回乡，或融入当地社会。

在17~19世纪，中国人往荷属东印度（印尼）的移民主要集中在爪哇、西婆罗洲和苏门答腊。吧城自开埠以后，一直是荷属东印度的商贸和航运中心，也是爪哇中国移民的主要集散地。在19世纪初以前，前往吧城的中国移民有相当大一部分是偷渡入境。前往西婆罗洲的移民主要是18世纪中期至19世纪前期的采金矿工，而大规模的中国移民前往苏门答腊，则发生在19世纪70年代以后。

1619年，荷兰殖民者开埠吧城后，一方面尽力招徕华侨，另一方面动员荷兰商民移居吧城。但尚未开发的吧城和酷热气候难以吸引荷兰商民，因此，吧城总督库恩只能依靠华侨繁荣吧城商贸和市政建设。库恩首先尽量诱使华商离开土著政权统治下的爪哇最繁荣的商埠万丹，许诺他们逃到吧城后可得到公司的贷款。吧城开埠初期的大华商杨昆和继苏鸣岗后成为甲必丹的林六哥，都来自万丹。库恩又训令公司舰队和商馆，招诱南洋各地区商埠的华商华工。应荷印当局的招徕，各地华侨络绎于途，前往吧城。因此，吧城的贸易逐渐繁荣，各项市政建设也不断完善。

荷印公司为了增加吧城郊区的种植业劳动力，于1648年宣布降低华侨人头税，目的是为了招诱受战乱之苦的中国移民前往吧城种植大米和甘蔗。时值闽南战乱频繁，百姓颠沛流离，纷纷赴海外谋生。1652年，10艘从泉州驶往吧城的中国船，除运去各种粗细货品以外，尚有480名中国人入境。广东藩王尚可喜亦暗中通航吧城，1654年，尚氏遣广州帆船往柬埔寨，持荷兰东印度公司通行证。是年冬，郑成功遣8艘帆船到了吧城。据荷印吧城政府统计，1644~1661年，每年平均到吧城的华舶约2艘，每船平均约载400人，其中水手船工约80人，计有约 5400 人登记留居吧城。1675～1683 年，往吧城华船有 38 艘。如每船仍以载客 400 人计，扣除舵工水手，仍有万人以上留居吧城，这些移民大多来自闽南。南婆罗洲马辰、苏门答腊亚齐也是华船的重要去处。1671～1679 年，每年夏天都有 10～12 艘中国商船，满载大米等中国商品以及木匠、油漆匠、装修匠等移民到亚齐。亚齐城尾海边有专门的华侨聚集区。

1683 年，清军攻陷台湾时，或称部分郑氏余党分搭海船前赴南洋各地，其中三船开抵吕宋，一船到暹罗，三船到爪哇，另两船则到马六甲。爪哇岛有明武德将军郑公明墓之发现，碑旁书永历年号，应是延平郑氏旧部。耶稣教会神父塔卡德曾于康熙二十三年（1684）途经巴达维亚，据他估计，吧城及近郊中国人数在 4000 人至 5000 人之间，其中多数是清朝统治中国后不愿臣服者，南投巴达维亚定居。日人福田省三记载，在台湾归附清朝时，逃到南洋一带的人很多，据说仅爪哇一地，华侨人数就增加到 5 万人以上。

1884 年海禁开放以后，中国商船频繁至吧城通贸，随船移民数量较大，多数是到吧城郊区的蔗蒜和甘蔗种植园。1686 年，来自厦门的 8 艘帆船和中国其他港口的 3 艘帆船载运了 800 多名劳工和大量中国商品，驶入巴达维亚。1700～1717 年，每年驶吧华船 12～16 艘，由此可知随船前往的移民数量之多。由于前往吧城的中国移民数量太多，引发荷印当局忧虑，遂限制抵吧的移民数量。早在 1690 年，荷印当局就有禁止中国移民偷渡入境之令。1706年，荷印当局规定：大帆船每艘只能载运搭客100名，小型的"舴艋"限定80名。但荷印公司职员贪污腐败、营私舞弊蔚然成风。中国船主只要按规则行贿，仍能大批偷运华人入境。荷印禁令如一纸空文。

1717年，清朝实施南洋禁航令，华船不得往吧，但澳门船仍往。故中国移民仅需转道澳门，仍可前往吧城。1723年，抵吧华船已有21艘。随着中国移民越来越多，荷印总督于1727年、1729年、1736年、1738年等年份，多次宣布严惩无证入境的中国移民，并多次突检来吧华船，但收效甚微，偷渡入境依然。准证制度和检查向来是公司职员敲诈勒索入境华侨之工具，从未真正阻拦中国移民登岸、定居。如1736～1738年担任吧城港务官的赫由森，以每艘华船收受300荷盾为条件，允许华船旅客免检登岸，而这个时期每艘船载人数量在500～700名。

1740年"红溪惨案"的消息传到唐山，次年无一华船再至。惨案过后，荷印当局积极招徕华舶华民，意图复兴吧城经济。1743年以后，华船复往吧城。在18世纪中期，每年抵吧华船10余艘，各船仍均搭载大批拟偷渡入境的"新客"。1754年，厦门来的7艘帆船载了4608人，但是只有1928人登记在册，船主将船客运到荷兰人无法有效巡视的吧城沿岸地区登岸。1769年，来自厦门的8艘入境华船中，其中一船申报载人220名，实载700名。尚有不少人在抵埠前已经在海外小岛登岸偷渡入境。荷印政府虽多方限制华侨入境，但随着荷印殖民开发由吧城周边向爪哇内地扩展，新客有谋生空间，华民仍源源不断前往吧城，再流向爪哇各地与外岛。

19世纪初以后，中国商船运载移民数量更多，偷渡规模更大。1802年，吧城总督决定把小型厦门船入境限额增至400人，大船增至

600人。1804年，与荷印官员长期交往的厦门洋行商人李昆和，将三船乘客并作两船驶往吧城，以便多载船客。仅其中一艘"荣发"号，就载有998人，至少超载498人，可见当时华民偷渡爪哇的规模。

在1811～1816年英国人统治爪哇期间，每年有9～10艘大型华船从广州和厦门抵达吧城。1815年，正式登记在册的吧城华侨上升至52394人，整个爪哇则有华侨94441人，实际人数更多。据英国驻爪哇总督莱佛士所载，"华船每艘载运三百、四百或五百人，他们孑然一身，但能很快勤劳致富。在自由贸易和自由种植制度下，其人数将会迅速增加十倍。华侨主要居住在巴达维亚、三宝垄和泗水这三个首府，但在所有的小城市都有他们的踪迹，几乎遍布这个国家的各地"。

1853年，闽南小刀会起事，呼应太平军。失败后，一批头领和成员遁亡南洋。首领黄位膝下六子，五人逃往南洋。第五子黄志信避居三宝垄，后创立建源公司，为后来的"爪哇糖王"黄仲涵之父。另一首领安溪人陈圣则逃往新加坡。永春林骏余部亦多人入南洋。

18世纪中期，华侨已在西婆罗洲开采金矿。华侨的采金技术与刻苦耐劳，颇受三发、孟吧哇、昆甸土邦王公赏识，各王公从槟榔屿、文莱等地招募华侨采金，华工源源而至，但被严厉限制从事其他行业。1770年，成年华侨矿工可能已有万人，以客家籍居多。少数华商或有所积蓄的华工也向土邦承包土地，自立公司开矿，再从中国引入乡友。18世纪中后期，西婆罗洲华侨的大小公司各聚数百乃至数万矿丁。著名者有大港、兰芳、和顺、三条沟等公司。1810年，据时任荷印临时总督的英国爵士莱佛士估计，西婆罗洲的华侨矿工有37000人。在1823年荷兰人接管西婆罗洲之前，每年有3000名来自中国的移民，以客家人为多。到1834年，英国人额尔估计，西婆罗洲的华侨总数有15万，在华侨区约9万，其余人在荷兰人控制区。

根据荷属印尼的人口统计，至1860年，荷属印尼各地华侨共有22.1万。但如果加上未登记的华侨，数量至少翻倍甚至多倍。

■ 英属马来亚和北婆罗洲的华侨

英国人殖民马来半岛后，建立相对有序和开明的殖民统治制度。在开埠槟榔屿和新加坡时，都大力招徕华商华工，不似西属菲律宾和荷属东印度殖民当局对华侨的横征暴敛和屠杀。因此，英属马来亚是中国人下南洋的较佳选择。

1. 马六甲与槟榔屿

自明中叶以来，马来半岛的马六甲即为华商贸易重地。明末清初之际，马六甲亦为遗民避难之地。马六甲的闽粤会所——青云亭，一度用于安置北来难民。荷兰人占领马六甲后，不再发展马六甲商务，唯恐影响吧城的商务中心地位。因此，直到1678年，马六甲华侨数量还不足千人。到1750年，马六甲华侨数量仍仅有2000余人。

1757年，福建永春丰山人陈臣去往马六甲谋生。传说陈用中药治愈苏丹妻子绝症，因此获得大片土地的开垦权。陈返乡召数百亲友往马六甲垦殖。英国人接管马六甲后，社会安定，华侨前来日多。根据殖民当局统计，1834年马六甲华侨总数4143人。到1860年，增至10039人，闽南人居多。

1786年，英属东印度公司莱特上校开埠槟榔屿，大力招徕中国移民。在槟榔屿开埠之前的1745年，已有广东大埔人张理、丘兆进，福建永定人马福春等50多人，在去往吧城途中遇风漂入槟榔屿，留居当地以垦荒渔农为生，繁衍子孙，后人尊张理为大伯公。1794年，槟榔屿华侨增至3000人，大多是种植胡椒、甘蔗的华工和商贩。19世纪初，槟城成为早期南洋华工的集散地。贩运"新客"的苦力掮客，每年从槟城租船到澳门、厦门招募华工。1805～1815年，每年有500～1000名华工从澳门抵达槟榔屿。19世纪30～40年代，每年运至槟榔屿的华工有2000～3000人。买主到船上挑选，按级付价，一名熟练工匠——裁缝师、铁匠或木匠价10～15元，苦力价6～10元，虚弱有病者价3～4元或者更少。其后这名劳工为买主工作12个月。期间，买主提供食物、衣服与几元零用钱。

2. 新加坡

1819年以后，新加坡港口的兴起改变了南洋的商贸格局。虽然英国人开埠槟榔屿已有30多年，但由于槟榔屿处于南洋商贸圈的边缘地带，一直未能如愿取代荷属吧城，成为南洋商贸中心。英国殖民者挟其全球商贸霸主的地位，全力经营新加坡。数十年间，新加坡取代吧城，成为南洋的商贸中心，也成为南洋华侨资本、商贸、文教的中心和人口集散地。

1819年英国驻荷印总督莱佛士开埠新加坡时，岛上居民仅约120个马来人和30个垦殖甘蜜的华侨。为了迅速将新加坡建设成为南洋商贸中心，莱佛士和当年吧城的荷印总督一样，以招徕各地华商为主要发展战略。新加坡地处贸易要道，英人政令相对明确规范，不似荷兰人之贪腐及对华商之苛刻，因此，很快吸引新加坡附近地区的大批华侨涌入。次年三月，新加坡码头已泊有华船20艘，其中3艘来自中国本土，2艘来自中南半岛，其余15艘来自暹罗，寓居在新加坡的华侨也有1159人。为了加速新加坡的市政建设，莱佛士招募各种市政工程所需的大批工匠，来自槟榔屿和其他华埠的广府、客家籍华侨工匠不断涌入新加坡。开埠初期，马六甲的漳泉商人即开始移入新加坡，并很快成为新加坡华人社区的龙头。1824年，居住在新加坡的华侨已有3317人。

1821年，携来首批移民的中国帆船自厦门开抵新加坡。次年，莱佛士在新加坡市区发展规划中，在欧洲人区附近专辟华侨居住区，供来自厦门的漳泉商人建屋住宿，让其聚居一处，自成村落。此后中国帆船接踵而来，携来大批中国移民，新加坡亦逐渐成为分送南洋各埠中国移民的汇聚地。大多数中国移民均先到新加坡，然后再分赴南洋各地。

▲ 第一次鸦片战争海战

19世纪中期以前，前往新加坡的中国移民多由厦门出洋。1825年，两艘华船运1295名中国移民抵新加坡。1830年，来自上海、潮州及广州的五艘帆船，仅载移民300名，而来自厦门的四艘帆船所载移民不下1500名。这些移民少数留在新加坡，多数人转往爪哇、槟榔屿、来阿、巴塘等地，为咖啡、甘蔗、槟榔垦殖园和锡矿、金矿佣工。仅厦门一地，每年输至新加坡的华工有6000~8000人。到1836年，新加坡的华侨人口增至13749人。

第一次鸦片战争后，中国被迫开放五处通商口岸。因此，西洋船也加入从中国通商口岸运送移民到南洋的行列。1844年，一艘英国帆船运载100名中国乘客从厦门驶抵新加坡，开西洋横帆船运送中国移民到新加坡之先河。次年，西洋横帆船运抵新加坡的中国移民人数为1168人，约占当年10680名在新加坡入境的中国移民人数的11%。此后，搭乘西洋横帆船前往新加坡的中国移民越来越多。

3. 马来土邦

虽然明代以来，马来半岛的霹雳、柔佛、吉兰丹等土邦也是华商谋生之地，但大规模的华侨聚居区较少。17世纪后期，据说在柔佛领地内定居的华商约有千家。1844年，新加坡陈开顺率华工到柔佛陈厝港垦荒，种植胡椒、甘蜜。1855年新山开埠后，柔佛天猛公伊伯拉欣推行港主制度，获得河畔土地承包权的华侨"港主"，再招募大批中国移民前来拓荒，种植胡椒和甘蜜。每条港有华侨成百上千人。

马来半岛的雪兰莪、霹雳、森美兰等地，则因锡矿而吸引大批中国移民。1818年，雪兰莪的芦骨已有华侨矿工200名。1828年，森美兰的双溪乌戎有华工1000人。19世纪30年代以后，马来半岛锡矿业兴盛，各苏丹多招徕华商开采锡矿。海外华商向苏丹承交各种矿税，招募华工前来采矿，大批华侨因此涌入马来半岛西岸各矿区，如森美兰的双溪乌戎，雪兰莪的芦骨、干津，霹雳的拉律、近打等地。不少华侨靠开采锡矿起家。

4. 北婆罗洲

16世纪中期，北婆罗洲的文莱已成为中国海商的胡椒贸易重地，中国帆船频繁前往。当地苏丹亦招徕中国移民种植胡椒，不少华侨寓居当地。到17世纪初，胡椒贸易衰落，华船罕至，当地华侨也多离开。1800年，当地华侨已不足300人。

1841年，英国人詹姆士·布洛克协助苏丹平乱，获得一块土地，即沙捞越。为开发沙捞越，布洛克招徕华侨，允许华侨垦殖，进行金矿勘探。1850年，西婆罗洲三条沟公司的刘善邦带领约3000名华侨，从三发与坤甸移居沙捞越。1854年，西婆罗洲大港公司败于荷兰人，余部也逃往沙捞越。这些早期来自西南婆罗洲的中国移民，绝大多数是矿工和农民。1857年，沙捞越华侨增至4000人左右，主要来自荷属婆罗洲。

第三节　日本与朝鲜的华侨

■ 日本的华侨

1567年，明朝开放海禁，但对日本的贸易仍然禁止。16世纪后期的日本盛产白银，其产量可能占世界的25%。以丝绸为主的中国商品在日本极为畅销。据1616年初荷兰驻日本平户商馆馆长干布斯的调查，日本每年从中国进口生丝约合180吨。以丝绸换白银利润丰厚，利益驱使东南沿海商人不断潜通日本，寓居日本者越来越多。到17世纪20年代，长崎华商有二三千人。合日本诸岛计，有二三万人。1625年，闽抚南居益谓："中国私商往日本众，闻闽越三吴之人，住于倭岛者，不知几千百家，与倭婚媾，长子孙，名曰唐市……其往来之船，名曰唐船，大都载汉物以市于倭，而结连萑苻，出没泽中。"

明末在日华侨为保持自身文化和认同，依籍贯分帮建寺。三江帮于1623年建兴福寺，福建漳泉帮于1628年建福济寺，福州帮于1629年建崇福寺，广州帮则迟至1678年也建立了圣福寺，这四座寺庙统称四福寺。四福寺中都设有妈祖堂、关帝殿，奉祀华侨传统神祇。各帮分聚四福寺，行守望相助之责。这些佛教寺院作为明治以后在横滨、神户、函馆设立的中华会馆、公所的前身，成为旅日华侨团体的先驱。

明末日本幕府颁布锁国令后，仅荷兰和中国商船仍允许在幕府的严密监督下进行有限贸易。中国商船仅限泊于长崎，北九州的唐人也限寓住于此。明末到日本的华商，大抵可获幕府特准，被允许在长崎购地置屋，有永住权，时称"住宅唐人"。明末清初，中国遗民或不甘事清，或逼于战乱困厄，多携仆从数人，前来长崎。幕府只给他们颁发临时居住证，以防中国逃难者涌入。但医师、儒士、画师及应邀主持寺院之高僧，可获永住权，但只能寄寓租屋，不得购屋置产。

明末清初之际，很多中国高僧赴日弘扬佛法，这些僧侣成为当时特殊的移民群体。东渡僧人大部分来自福建，仅顺治、康熙年间，抵长崎者就有50多人。他们或开山立宗，或主持寺院。1650年，福建兴化府道者东渡长崎，住崇福寺为第三代住持。1655年，福建福清高僧隐元，以63岁高龄，率弟子及随行僧人等30余人抵达长崎，先到长崎兴福寺，次年转至崇福寺。此后，多位福建僧人东渡追随隐元，先后有数人或开宗立派，或成为日本各名寺住持。

海禁开放后，幕府拒绝与清朝进行官方贸易，中日贸易由私商进行，贸易盛况空前。到18世纪前期，每年赴日商船不下150艘。前往日本贸易的华舶以闽船最多，次为江南、南洋的。每船载商贩和舵工水手数以百计。浙船与南洋船的船主商人，不少亦是闽南人。1688年，幕府担心日本金银铜外流，又恐寓日华商增多，颁令每年入港的唐船数以70艘为限，并对中国货物实行幕府垄断贸易，获取高额利润。幕府又在长崎的十善寺村御药园

▲ 长崎唐人屋

处建造唐馆，时称"唐人屋敷"，将前来长崎的华商水手限住于屋敷，实施如同囚禁般的严厉管制。不少华舶转而进行走私贸易，徘徊在长崎外海一带。华商前往日本贸易仍然有增无减，但长期寓居于日本的华商数量大大少于明末。1689年，杂居于长崎的华侨约万人，占当时长崎市民51395人的20%。由于在日华商以闽南人最多，在1708年日本幕府管理唐人街的167名文译员中，有101名专门翻译闽南语。

1715年，幕府颁布新令，每年抵日中国商船限30艘，发给信牌，有信牌者方准互市，时称"正德新令"。更由于此时日本的银矿已趋枯竭，支付中国货物的能力大降，此后赴日商船逐年减少，长崎唐人街亦日渐萧条。寓居华商渐次回国，住宅唐人则逐渐融入日本社会。至1784年，长崎唐人屋敷华侨只存892人。

朝鲜的华侨

朝鲜是中国邻邦，长期为中国藩属，人民贸迁往来，自古不绝于途。历代国人均有迁居朝鲜者。他们或融合于当地，或世代相续，子孙繁衍，绵延华风。元代孔子后裔孔绍入高丽，居水原中逵面九井村，后裔人丁旺盛，冠冕迭出。乾隆中期，孔瑞麟在英宗朝官至大司宪。至1792年，朝鲜孔氏有聚居地三处，仅水原就有三十余家，龙仁和岭南的孔姓者也甚多。朝鲜的朱子后裔也恪守儒风，弘扬朱学。李朝太王时，朱子后代朱锡冕官至协办，在朝鲜撰《朱氏系谱》。日本丰臣秀吉侵略朝鲜时，明朝派军支援，很多人留驻朝鲜。对于这些援朝御倭的明将后裔，朝鲜朝廷视之为"皇明人子孙"，长期多方关照。明末战乱时，很多明朝将领战败后遁入朝鲜，这些人大多受到庇护或任用，其后裔亦被李朝优待，一如援朝明将之后裔。1773年，李朝英宗令："皇明人子孙或赐第，或加资，或赐马，赐弓矢。其余儿弱赐米。未婚者令该厅助给婚需。"李朝正宗和纯宗多次召见侨居之明将后裔，或任为文官武将，或赠各种物品。

第二次鸦片战争前夕，清朝不许民人出国定居。与朝鲜虽有朝贡贸易和边境定期互市，但严禁商民定居朝鲜。朝鲜奉中国为宗主甚慎，不愿违命容留华民，即使有赴日清商遭风漂至朝鲜，亦按清朝之命遣回。但在乾隆中叶，边境地带的金、复、海、盖及凤城一带，长期居住着从事边贸之山东人。

第四节　南洋华侨社会的形成和发展

18世纪以后，日本华侨社会湮灭，中国与朝鲜朝廷均不允许相互移民，持续不断的中国海外移民，基本上前往南洋地区，南洋各地大小不等的华侨社会也得以形成和发展。

■ 西属菲律宾和荷属东印度的华侨社会

西班牙和荷兰均是较早在东亚建立广袤殖民地的国家。西属菲律宾覆盖整个菲律宾群岛，荷属东印度则在17～19世纪，基本将除了北婆罗洲外的整个印尼群岛殖民化。为了发展远东贸易和开拓殖民地，这两个殖民政府均设法招徕大量中国移民。当经济不景气而中国移民又聚居较多时，这两个殖民政府则采取苛政排斥中国移民，甚至多次实行对华侨的屠杀。在世界华侨史上，这两个国家的华侨社会可算是命运最为坎坷的。

1. 菲律宾

菲律宾华侨社会形成于16世纪末期，是当时世界上规模最大的华侨社会。

西班牙人占领菲律宾群岛初年，为繁荣菲律宾群岛贸易而招徕华商，华侨往来和居留不受限制。1581年，殖民当局为便于控制华侨，辟马尼拉王城对面巴瑟河南岸处为马尼拉华侨居留区，四周建有高墙，设哨监视,时称"八联",为西班牙人对华侨的隔离政策之始。非天主教徒的华侨集中居住于八联,不得前往马尼拉以外地方定居。若无当局书面批准,华侨不得前往离马尼拉6里以外地区。入城华侨在每晚城门关闭之前,都必须回到八联居留区,违者将处死刑。八联华侨聚居区域先后变动七次,但都在王城炮台的炮火射程范围之内。因此,在殖民当局对马尼拉华侨多次大开杀戒时,华侨几乎无处可逃。在16世纪末,八联内的华侨人数通常在2000人至4000人之间。此外,每年尚有2000多从事中菲贸易的华商在此暂住,华侨店铺约有200间,是当时海外最大的唐人街区。八联设华侨首领或甲必丹,协助殖民政府管理华侨。外地华侨或组"华人公会",亦集中管理。到17世纪初,菲律宾华侨已达3万人,是当时海外华侨最多的国家。

1603年,殖民当局首次尽屠马尼拉华侨,是役华侨殉难者2.4万人。其中,漳州海澄人十居其八,存者仅三百口。此役不仅使马尼拉华侨社会覆灭,且使东亚水域的中国海商元气大伤。西班牙人尽屠华侨后,复又招徕华商,久之成聚。在1639年、1662年和1686年,西班牙殖民当局又三次大规模地屠杀华侨。由于西班牙殖民政府的残暴,闽粤出国者多往南洋他埠。直到18世纪中期,菲律宾华侨社会才恢复到150年前的规模。

18世纪初以后,

▲ 马尼拉西班牙王城

中菲贸易有所复兴，闽人赴菲者络绎于途。到 1740 年，马尼拉复聚华侨 2 万人。1749 年，全菲华侨达 4 万人。1755 年，菲总督阿兰地再次颁令，除了接受洗礼的 515 名华侨和 1108 名已经接受了基督教信仰的华侨外，驱逐所有其他华侨出境，且驱逐令对新来的华船同样有效。1761 年，西班牙卷入英法战争。在印度的英国远征军攻占马尼拉时，华侨参与当地土著的反西起义，被西班牙殖民当局镇压，数以千计的华侨殉难。殖民当局下令绞死全菲华侨。大批华侨在圣诞节期间被追杀，血流成河，或谓死难者逾六千，时称"1762 年的红色圣诞节"。1766 年，根据菲殖民当局的要求，西班牙国王发布全面驱华令，规定将非基督教的华侨及英军占领马尼拉期间协助英军的华侨教徒一律驱逐出菲律宾。被允许留菲的华侨基督教徒应分别居住于指定地域，仅能从事农业和手工业，违者将被永远逐出菲律宾。驱逐令实施期间，华侨多数被迫回国，少数逃亡山区，菲律宾华侨社会再遭重创。

1778 年，菲总督推行经济发展总计划，认识到华侨的重要性，遂撤销驱华令。不少华侨又回到马尼拉，菲律宾华侨社会再获生机。1785 年，西班牙总督准许华侨移居若干岛屿。但随着华侨的商贸能力再度施展，菲殖民当局在 1804 年再次颁令，仅容许从事农业和工匠行业的华侨留居群岛。很多华商只好以务农名义向外岛移殖。1828 年，菲殖民当局为了限制华侨所控制的零售业，下令禁止外国人从事零售商业以及到外省从事商业活动。1834 年，又规定华侨商人只能住存马尼拉的八联内，得到政府允许以后可以从事各种行业，但在外省居住的华侨必须从事农业。部分华侨则转以土著名义经营，以规避禁令。

在菲华人多商贩，少数从事工匠行业，与缅甸华侨同为南洋华侨社会中商人比重最高者。西班牙人殖民菲岛初期，为发展中菲贸易，即招徕华商。华商之克勤克俭与吃苦耐劳非西班牙人能比，能深入穷乡僻壤销售和收购货物，构建商贸网络，故在贸易和零售业长期居于优势地位。1789年以后，殖民当局将马尼拉向所有亚洲商船和西方商船开放。欧美商人虽纷沓而来，但不谙当地语言，仍倚仗华侨销售商品和收购出口土产。西方各国商人在马尼拉设立商行，经营进出口贸易。其货源组织和商品销售，仍多通过各岛华商的零售网络。1855年后，菲殖民政府续开怡朗、苏阿尔、三宝颜（1855年）、宿务（1860年）、黎加实比和塔克洛斯（1873年）等各岛港口。西方商人多在马尼拉市设立总商行，在外省设分行，华侨仍为中介商。华侨在菲内陆地区建大量菜仔店，经营食品杂货和日用品，还以物易物方式，收购当地土特产。菜仔店或雇工一二，或夫妻自理，终日营业，为华侨遍布菲岛之收购和销售网络终端。

除商贩以外，殖民初期的各类工匠亦主要由华侨充任，主要集中于马尼拉、宿务和怡朗三个港口城市。其职业有：面包师、裁缝、鞋匠、木匠、成衣匠、金属工匠、银匠、雕刻匠、锁匠、画家、泥水匠、织工及这个国家所需的其他各种工作。华侨工匠建造的许多教堂、修道院和堡垒，迄今尚矗立在岛上。

西班牙殖民开拓之特色是商务扩张与传播天主教并举。菲律宾殖民当局在强制菲律宾土著改宗天主教的同时，在税收、迁移、婚姻、居留等方面优待华侨基督徒，劝诱或胁迫华侨皈依天主教。殖民初期，西班牙王室即准许皈依天主教的华侨可免税10年，此后按菲律宾土著数额缴纳税收；华侨教徒可与土著菲妇教徒结婚，并可以获得马尼拉近郊的耕地。不少华侨仅为了方便在菲律宾居留、经商和生活而接受洗礼。一旦返回中国，则仍归原信仰。英军攻占马尼拉期间，很多华侨天主教徒投向新教的英军，参与攻击西班牙殖民军。

西班牙殖民当局视华侨为财富渊薮，对华侨一直课以重税，并不时通过法令限制华侨在商贸业的活动。殖民当局对华侨主要征收人头税和行业税。1852年，由于华侨日多，商业复盛，殖民政府实施新税法，改以人头征行业税为按店征收，将华侨的商店划分为四类：第一类年税额为100比索，第二类60比索，第三类30比索，第四类12比索。此外，尚有其他的商品经营特别税，尤其人头税是华侨不堪重负的主要税种之一。1888年，华侨所纳人头税增至236250比索，占该年殖民政府年税收总额的1/20。多项重税仅征及华侨。1889年，殖民当局利用发放身份证，大幅提高华侨人头税。规定每个华侨不论性别和年龄，都必须领取人头身份证，领取时课税。在西班牙殖民政权的最后25年，人头税竟成为殖民当局的主要财政收入来源。

对在菲华侨不断地迫害与征收各项苛捐杂税，是20世纪以前菲律宾华侨社会一直未能产生大商家的主要原因之一。

1855年后，菲殖民政府续开各岛港口，西班牙商人控制各地主要商行，华侨仍为中介商，却建立起遍布各岛的收购和零售网络。当时，马尼拉一位欧洲进口商行主管叹道："马尼拉商行几无例外，都得将商品售与华商，由他们再销往外省。欧洲商人自己无法开展这种进出口业务。事实上，这个群岛的贸易完全依靠华侨进行，只有他们才能向外省的华商销售进口产品。他们还经营自己的运输业务。到处可以听到华侨小贩的叫卖声，能到最偏僻的角落出售他的货品。欧洲人甚至不能片刻离开马尼拉，到外地去开展业务。"

到20世纪初，由华侨菜仔店、叫卖商贩、摊档商贩、商店和批发商行组成的网络，几乎掌控了菲律宾零售业，且在批发和进出口业占有重要地位。据1912年菲律宾税务局统计，华侨有零售商店8455家，批发商店3335家。以一家商店通常需4人经营计算，华侨商店从业者约达45000人。此外，尚有许多以菲律宾人名字注册的华侨商店。因此，可以说绝大多数在菲华侨以商业谋生。

　　1850年，西班牙殖民政府发布特别法令，准许各庄园主和种植园主招募华工，以飨菲律宾群岛农工之需。同时，允许中国移民移居外省。但规定来菲华工不得从事商业贸易、手工业和工业，只能从事农业或麻和蓝靛加工业。此项法令实施后，中国移民开始以务工名义大批涌入菲律宾。1864年，西班牙沿英法《北京条约》之例，与清朝正式签订通商条约。此后，西班牙殖民政府对入境及居留限制越发宽松，寓菲华侨数量迅速增长。到1870年，华侨人数激增至4万，1886年更达9万人，是20世纪之前的高峰人数。

　　皈依天主教的华侨易与菲土著通婚，从而催生了第一代华菲混血儿，时称美丝提索。马尼拉为全菲政治、经济和宗教中心，集中了大部分华侨。1656年，在马尼拉圣克鲁治教区至少已经有500名华侨天主教徒。1738年，岷伦洛的华菲混血儿大约增至5000人。1741年，殖民当局在法律上将华菲混血儿专列为一个社会阶层，其地位仅次于

▲《北京条约》的签订场景

西班牙人（含西菲混血儿）和土著居民，高于华侨，为菲社会的四个等级之一。他们有华商尚贾的传统和网络，且兼具语言和信仰优势，是一个与华侨社会有密切关系的独立阶层。18世纪中期以后，由于华侨被大批驱离马尼拉，华菲混血儿部分取代华侨的商贸角色，经济实力逐渐提升。在19世纪中期，华菲混血儿在菲进出口业和零售业领域均处优势地位，拥有教会以外全菲最多的土地，控制菲律宾岛际贸易。很多华菲混血儿成为医生、律师等专业人士和世俗教士。19世纪60年代以后，中国移民大批涌入菲律宾群岛，华侨迅速重新取得商业和零售业优势地位。一些华菲混血儿离开商业领域，利用其拥有的土地转向农业，尤其是发展诸如烟草、甘蔗等出口农产品的种植业。资金雄厚者尚从事土地投资买卖。更多的华菲混血儿则转而从事医生、律师、作家、记者等自由职业，甚至工场的技工。

1810年，以美丝提索身份登记的人口有121621人，超过全菲人口的5%。1850年，美丝提索人口增至24万左右，而土著人口则超过400万。许多富裕的华菲混血儿子弟受到良好的教育，毕业于菲律宾群岛的累特朗学院、圣何塞学院和托马斯学院，甚至前往西班牙、法国、英国、奥地利和德国留学。19世纪后期，一批接受欧洲自由民主思想的华菲混血儿知识分子，在菲律宾群岛社会鼓吹改良运动，其先驱者为在西班牙获得博士学位的格雷格里奥·桑西亚诺和后来被誉为菲律宾国父的何塞·黎刹。他们还与佩德罗·帕特尔诺和米略·阿吉纳尔多将军等美丝提索，参与领导菲律宾独立革命。米略·阿吉纳尔多成为菲律宾共和国的第一任总统。美丝提索亦在财政上大力支持独立革命和革命政府。Mariano Limia兄弟被捕前夕，为马尼拉志愿军捐献100万比索。晋江籍的罗曼·王彬的商店向来是革命知识分子的聚会场所。在革命期间及其后的美菲战争期间，他还不遗余力地捐款捐物。1915年，马尼拉市议会决定,改马尼拉唐人街中心之沙克里斯蒂亚街为王彬街。

19世纪后期,华菲混血儿的文化、社会和政治认同趋同于菲律宾土著,并积极参与和领导菲律宾的民族主义独立运动。到19世纪末,华菲混血儿已经基本融入土著社会,不再构成独立族群或社会阶层。现在的菲律宾政要,很多都是华菲混血儿家族出身,如1944~1946年的菲律宾总统奥斯敏纳、现任总统阿基诺三世等。

在20世纪之前的南洋华侨史上,菲律宾华侨所受的限制与迫害最甚。在西班牙殖民菲律宾300多年间,五次对华侨大开杀戒,对华侨的宗教信仰、职业的限制也最严苛,华侨的经济能力也大受限制。因此,虽然菲律宾与中国一衣带水,交通和经贸往来最为方便,但由于西班牙殖民统治者对华侨的苛政,相对于南洋其他殖民地,西属菲律宾华侨社会的规模和经济实力最弱。直到美治时期,菲律宾华侨的经济活力才重新焕发。

2. 荷属东印度

与英属新马一样,荷属东印度也是17~19世纪中国移民的主要去处。与新马华侨相对集中不同,荷属东印度为万岛之地,各岛华侨分布呈大集中小分散状态,各岛各地华侨社会自成一系。爪哇华侨数量最多,次为苏门答腊和加里曼丹。爪哇华侨高度集中于巴达维亚、三宝垄与泗水,尤以巴达维亚为最。少数华侨散居各地,遍布各岛的城镇与乡村。虽然19世纪前期,已经有少数同乡会馆,如创办于1820年的泗水惠潮嘉会馆,但荷印当局向来严防非当局监督下的华侨组织,除少数会党隐蔽活动外,公开组织甚少建立。

吧城是荷属东印度殖民地的中心和前往印尼群岛的中国帆船的首要目的地。中国移民或随船进入吧城,再分散各埠,或直接在外洋乘小船潜入爪哇北岸其他地区,如三宝垄、梭罗、麦里芬、泗里末、惹加等处。华侨为吧城开埠之主力。甲必丹和雷珍兰等承包市建工程，再招华工完成。吧城运河之挖掘、房屋街区之建造，大部分由华侨工匠承担。建筑吧城围墙之费用，则摊派给华侨居民。吧城所需之各项建设材料及日用消费商品，均由华商提供。华商通常与荷印公司职员共同牟利。有资本的公司职员或直接投资中国帆船，华商以船舶和货物抵押，或放高利贷给华商。华商承担公司货物的收购与销售。由华侨批发商、零售商、行街小贩组成的商贸网络遍布吧城及其周边地区，数千华侨小贩深入土著乡间，销售荷印公司与中国帆船带来的各类商品和收购国内外市场所需之当地土产。

吧城近郊种植业和加工业的繁荣几乎完全依赖华侨。1710年，吧城129家蔗廍（甘蔗园和制糖坊），4家蔗廍业主为荷兰人，1家属爪哇土王，其余124家的业主都是华商。吧城12家甘蔗酿酒厂，均为华侨经营。种植甘蔗者多为当地土著，华工则为制糖者。直至18世纪中期蔗糖业大衰退时，仍有一半吧城市民间接依靠蔗糖业为生。到18世纪后期，吧城华侨增至近三万人。1775年，吧城华侨在城内外分设"南江书院"与"明诚书院"，各延儒师住内，教授贫穷华侨子弟。18世纪后期以降，在大部分华侨仍坚守文化和民族认同时，已有一些华侨数世不回中华，奉回教，并逐渐同化于当地。

荷兰人辟专门居留区来安置来吧华民，设华人甲必丹管理华民事务。荷印总督库恩之密友、同安人苏鸣岗为首任华人甲必丹。甲必丹就职，须宣誓效忠荷印政府，职责为代管华侨民政事务与诉讼，可禁锢违令华侨；代征人头税与其他各项费捐；承包工程与供应政府相关物资。甲必丹下设数名雷珍兰，协助甲必丹处理华侨事务。

包税制度为荷印当局经济上"间接统治"华侨之主要制度，与政治上的"甲必丹"制度配合。荷印政府最早在吧城实施包税制度，随着荷印殖民统治的扩展,包税制度亦随之施行于整个爪哇和外岛。举凡人头登记、市政工程、物资供应、烟酒销售、赌博、食盐、鸦片,乃至渔市、屠宰、市场管理等税种,概由商人承包。中标者均为大华商,尤以甲必丹为最。殖民当局从侨领中选择长期与荷印当局合作并已承包某些税种的华侨富商担任甲必丹。1743年以后,荷印当局为便于筹款和解决巨额财务亏空,亦将荷印控制的吧城乡区和中、东爪哇土地出售于欧洲人和通常为当地包税者的大华商,作为其"私领地"。后者则按强迫种植制规定经营,将产品低价卖给当局。1850年,仅爪哇内地即约有14000名华侨充当各地税收承包商。

18世纪30年代以后,荷印公司因贪腐而经营不善,不敌英法竞争,商品滞销,财政赤字剧增,吧城经济困窘。与华侨谋生关系密切的商品丝、茶、糖等的国际价格暴跌,吧城华侨生意微末,人无利路,大多华商船货滞卸,濒于破产,为佣者更是谋生无门。荷印官员愈发横征暴敛,华侨民不聊生,贫者流离失所。1740年,吧城政府下令,无论有无居留证,将所有流落街头的失业华侨一律逮捕。搜捕旋即演变为对华侨社区的烧杀抢劫,尚有被捕者被乘夜载往海中沉之。吧城乡区华侨率先反抗,向城区进攻。荷印当局恐城内华侨里应外合,下令荷兰军队于城内挨户搜捕华侨并杀害。华侨居处亦被付之一炬,时称"红溪惨案"。荷印殖民当局邀爪哇土著军队合攻乡区华侨,华侨起义军遂归失败。次年,三宝垄

▲ 万人坑遗址

和东爪哇等地华侨起义,联合部分土著军队共同抗荷。反抗活动此起彼伏,持续三年方告失败。

1780年,英荷战争爆发,吧城被英国人封锁,荷印百业萧条,生意大败,糖酒不销。华侨生计大困,纷纷逃往万丹、井里汶及中爪哇、东爪哇各地。至1800年荷兰东印度公司解体时,吧城华侨不足15000人,较全盛时期减少了一半。而爪哇其他地方和外岛,由于采矿业和种植业方兴未艾,华侨人口急遽增长。

相比处于荷印统治下的吧城华侨社会,西婆罗洲金矿区的华侨社会则如同华侨自治领地。

早在荷兰人扩张到西婆罗洲之前,客家人就已前来开矿。18世纪前期,当地苏丹即已招募华侨开采南八哇、三发、坤甸地区的金矿,由华商以高额地租与税金承租。为应对苏丹各种无理敲诈、同业竞争和当地土著的侵扰,华侨采矿者通常以同乡、方言、宗亲为基础纠合为公司,组织生产,并以武力应对各项争端。18世纪中期以后,每年移入西加里曼丹的华工常在3000人以上,以客家人最多。西婆罗洲有公司数十家。1776年,三发土邦境内大港、坑尾、三条沟等十四家公司合组为"和顺十四公司"。次年,坤甸土邦内的客家人罗芳伯联合四个公司,成立"兰芳公司"。兰芳公司辖两万多客家人,多为采金矿工,兼有耕种、业艺等行业。罗率众东征西讨,所向披靡,苏丹知势力不敌,不得不容许他分土而治。兰芳公司纵横数百里,盛时治下华侨及当地土著逾十万众。罗芳伯治兰芳公司如治国,奠都东万律,国号"兰芳大统制共和国",建元兰芳,时为兰芳元年。统领推举产生,对国人自署大唐总长,对土著则称王。兰芳公司定官制,修军备,开商场,兴矿冶,抚民庶。著名史学家罗香林教授称其为"盖为一有土地、人民与组织,及完整主权之共和国焉"。1795年,罗芳伯辞世,遗训兰芳公司总厅大哥须由嘉应州本州人氏担任，总厅副头人由大埔县人担任，公司管属范围内，各地头人可从嘉应州各县人氏中择贤而任。

19世纪前期，西婆罗洲的华侨采矿业兴旺，形成曼多的兰芳公司、西美尼斯的乏条沟公司和蒙脱拉度的和顺总厅三大华侨矿业公司。三发地区由华侨开采的金矿30多个，每个矿约有苦力300人。每矿须年纳黄金50两及每名苦力人头税3元。沙拉哥聚逾两万华工从事矿业。在蒙脱拉度约有马来人、达雅克人及中国人5万。整个西婆罗洲有华侨人口约15万人，9万人在华工聚居区，其他在荷兰人统治区。华侨公司为自立自足，在西婆罗洲披荆斩棘，修桥铺路，垦荒种地，乃至畜牧渔猎。西婆罗洲各项开发，几乎全仰赖华侨。华侨把一个荒芜的、几无人烟的地方变成一个具有农业资源和交通系统的工商业中心。

■ 英属南洋殖民地的华侨社会

18至19世纪，马来半岛和北婆罗洲沦为英国人殖民地的，自明朝中期以来，已经是中国海商的重要贸易地。英国殖民统治时期，大量的华工被招徕。19世纪后期之前，各地已经形成华侨聚集地，规模大小不一。至19世纪后期，新马华侨社会已然成为南洋华侨社会的中心。

1. 华侨的籍贯、职业和殖民当局的政策

17世纪后期，柔佛已成为马来半岛的华商聚居中心，数达千家，多从事对外贸易，颇为当地苏丹所青睐。到18世纪后期，柔佛、霹雳、吉打、吉兰丹等地苏丹或土侯相继招徕华商华工，到马来半岛采掘锡矿。华商向苏丹或土侯缴纳各种矿税租赋，承包矿区，再招徕华工开采。苏丹或土侯再将矿区酒税、鸦片税、赌博税等，承包给当地华人甲必丹或大华商矿主。故马来半岛各矿区多属华商矿主自治。

1785年，英国船长莱特上校利用吉打土侯之间的矛盾，向苏丹租

借槟榔屿，随即招徕华民开发。英殖民当局专辟华侨聚集区，引华商建屋定居，任命来自吉打的华侨辜礼欢为槟榔屿首任甲必丹，处理华侨社区一般民事事务。税收则以投标方式，由出价最高的商人承包。每个华侨社区都有一个首领，可承审轻微案件。英殖民政府赋予甲必丹部分行政和司法权力，将华侨置于其直接管理下，大体按照本族、本帮风俗惯例，处理华侨社会的内部纷争。甲必丹则须承担所辖社区治安、人口登记和征收人头税、赌博税等职责。担任甲必丹者，皆非富即贵之侨领。1807年，槟城获司法特许状，采用英国法律，建立地方法院，直接审理民事案件。

1819年，英国人莱佛士开埠新加坡，大力招徕各国移民，尤其是华商华工。莱佛士的城市规划为各族移民分区居住，并认为移民中最重要者无疑是中国人，断言他们将永远是社会中的最大部分。莱佛士亦关注华侨的籍贯和阶层差异，在规划华侨社区时按籍贯和阶层适当加以区分。商人和来自厦门的移民得到优待。华侨社区呈自治状态，司法由甲必丹执行。1826年，英国合并新加坡、槟榔屿和马六甲为海峡殖民地，新加坡亦获司法特许状，实施英国法律。但英国在海峡殖民地实行自由贸易制度，适合本地的法规尚不完备，甲必丹被赋予管理华侨内部事务的较大权力，乃至发挥警察职能。英殖民当局亦授华人社区名人或太平局绅，或陪审员，或非官守议员等，参与新加坡政务和协助殖民者管理侨社。

19世纪前期，国际市场上胡椒和甘蜜价格上涨，吸引华侨大批前往新加坡、槟榔屿及周边地区种植胡椒、甘蜜。19世纪中期，又种植甘蔗和木薯。柔佛新山的马来首领天猛公为招徕华侨垦荒种植，推行"港主"制度，招徕华商充当港主。港主原意为"河流之主"，即河畔垦区之主。港主与马来天猛公或苏丹签订河畔开发和管理租约，获得河契，拥有该河畔垦区（时称"港脚"）行政和执法权，并承包当地各项商业专利权。港主多为潮州人，携资招工，开发该区，负责给州政府缴纳各种租税，致富极快。其著名者如潮州人陈旭年，为数地之港主，于1869年受封为华人玛腰。

早期马六甲城的华侨多为来自福建南部的商人和工匠，风俗习惯均与闽南同。全城房屋悉仿中国式，俨然海外之中国城市。英国人统治时期，闽南人、客家人、广府人、潮州人和海南人相继涌入，统称"五帮"，但仍以闽籍者最多，其次是客家人，两者约占移民总数的60%。

槟城华侨亦以闽南人为多，主要来自马六甲和闽南，续至者仍以闽南人最多。1894～1904年，从厦门抵槟城之移民多达15万人，在各属中占首位，略高于来自汕头港的潮州和客家移民。新加坡华侨亦以福建人最多，其次为广东人。广东人中，潮州人与客家人较多。据1881年英殖民政府调查，新加坡华侨约9万人，其中闽南人24981人，潮州人22644人。各帮华侨大体分区居住。闽南人以直落亚逸为中心，向西北地区延伸。潮州人多聚居勿基及沿河右岸至皇家山麓；广府人云集牛车水一带。福建人以来自漳泉州府的闽南方言群为主，潮州人主要来自潮州八邑（潮安、澄海、潮阳、揭阳、饶平、普宁、惠来和南澳）的潮州话方言群。广府人来自以广州为中心的六邑（广州、南海、顺德、东莞、番禺和中山）和潭江下游四邑（台山、新会、恩平和开平）的粤语方言群。客家人主要来自粤东和闽西讲客家话的方言群。海南（琼）人来自海南岛讲海南话的方言群。闽南话、潮州话和海南话均属大闽南语系，闽南话和潮州话更接近。

17～19世纪，绝大部分中国移民为单身年轻男性，一部分人娶当地女子，其土生后代亦颇具规模，尤以马六甲、新加坡为最。土生华侨男称"峇峇",女称"娘惹",熟谙马来语,少数通中文。富裕峇峇家庭出身者多读英校。据1881年的海峡殖民地人口统计,新加坡、槟城和马六甲的土生华侨共25268人,占华侨人口的14.5%。土生华侨熟谙当地语言和环境,富裕者多有父辈积累之产业,与殖民政府和洋行关系密切,能担任代理商、买办乃至公共事务管理者。因此,新马华人社区侨领多为土生华侨。其著名者如陈笃生和陈金钟父子、佘有进和佘连城父子、陈金声、丘菽园、章芳琳、林文庆、胡亚基、宋旺相、辜鸿铭等人,非富商即闻人。殖民政府也对其刻意笼络,以达"以华治华"之目的。

▲ 清代华侨章芳琳像

19世纪中期,来自中国和马六甲的福建人有很多从事商贸,约40%是经纪人、商人和店主,20%为种植园主,其余的则为苦力、船工、渔民和搬运工人。潮州人多数是甘蜜和胡椒种植园主、劳工和经营商。广府(澳门)人七成五以上为木匠、裁缝、制鞋匠、理发师、伐木工及泥瓦匠等工匠和苦力劳工。客家人的职业与广府人的相似,多数为工匠和劳工,如铁匠、制鞋匠、金饰匠、理发师、建筑工和伐木工。海南方言群人数最少,不足千人,多为店员或伙计。槟榔屿华侨方言群的职业结构大体如新加坡。闽商执新加坡商业之牛耳的原因,首先是莱佛士开埠新加坡后,即着力招徕马六甲华商。不少马六甲漳泉籍华商借机携资前往新加坡,成为早期新加坡商业各行的主导者。早期新加坡与中国的帆船贸易，漳泉商人亦居主导地位。往新加坡的闽南移民，与主导商贸行业之闽商多有乡土或宗亲之缘，语言人脉相通，较其他方言群移民更有机会从事商贸。

新加坡成为自由港后，英国人的大商行控制进出口贸易，华侨多为二盘商和零售商。华商收购和销售网络，遍布于马来半岛各埠和乡村小镇。华侨中介商通常以赊账方式从英国人的大商行获得各类进口商品，如英国之纺织品和金属制品，印度之鸦片、麻织品和谷物，转售华侨零售商，推销至马来半岛各处，乃至穷乡僻壤。华侨零售商再从各地收购各种土产，如锡米、甘蜜、胡椒和橡胶等，交付中介商，后者转售外国商行，运往欧美。可以说，华侨零售业已为马来半岛商贸零售业之龙头。

2. 华侨社团和文教

19世纪中叶以前，新马最重要的华侨社会组织是以天地会为名的秘密会社，或称私会党，以海峡殖民地最盛。新马华侨秘密会社沿用中国天地会的组织形式和入会仪式，誓词亦大体与天地会同，有严厉的帮规和严密的组织结构，组合则多依方言群体而凝聚。1786年，台湾林爽文率天地会众起义，被镇压后，余部多遁往南洋，分布于安南、暹罗、缅甸、婆罗洲、苏门答腊和爪哇。1799年，已经有槟榔屿华侨私会党公开反抗殖民政府被镇压，头目遭审判。1841年，据说新加坡天地会员已有万名，到1851年，更达两万名。而当时新加坡华侨人口仅27988人，会党成员占70%以上。1853年，天地会分支闽南小刀会举事，失败后大规模逃亡南洋，或谓达两万多人。大部分加入海峡殖民地之义福会。由于来自中国的天地会成员剧增，据新加坡警察局的估计，到1860年，新加坡私会党人数约4万。

社团是移民守望相助之组织，或谓有华侨聚居处即有社团。英属马来亚华侨社团的历史,甚至早于秘密会社,多发源于各类方言群所建的宫庙。1673年,马六甲闽籍华侨甲必丹郑芳扬与华商李为经筹建青云亭,供奉观音,陪祀妈祖和关帝。青云亭兼为甲必丹署衙,是马六甲华侨的主要祭祀与联谊之处。以后兼办义学、丧葬事务,是新马最早的华侨社团。1799年,槟城惠州、嘉应、大埔、永定和增城客属共建海珠屿大伯公庙,祭奉南来槟城之客属先贤张、丘、马三公。该庙是槟城秘密会社大伯公会的发源地。1826年,新加坡潮侨在披立街建粤海清庙,奉妈祖为主神,配祀玄天上帝。后为广、客、潮、琼四帮议事之所和义兴公司的发源地。1828年,由马六甲移居新加坡的漳浦籍华侨薛佛记,率众在石力路建恒山亭,处理乡侨丧葬祭奠事宜,为闽侨集会议事处与理事的总机关。各类宫庙多为方言族群所建,代表帮权势力,其主持人亦为帮首,为后来社团的雏形和前身。早期会馆亦多首设于宫庙。迄会馆成为帮派主要组织后,宫庙仍为各帮派凝聚本籍会众之宗教和习俗活动之中心。尤其是华侨所重之丧葬,仍为宫庙的重要职责。各帮均有宫庙理义冢事宜,如新加坡福建帮之恒山亭、广府帮之碧山亭、客家帮之绿野亭、潮州帮之泰山亭。自青云亭始建至20世纪初,英属马来亚之宫庙如雨后春笋般出现,林林总总不下数百种。

18世纪末,客属槟城嘉应会馆和广东暨汀州会馆成立,为马来亚最早的地域性社团。1805年,槟城中山会馆、

▲ 闽籍华侨陈永栽像

马六甲惠州会馆、马六甲茶阳会馆等相继成立。此后数十年，海峡殖民地与马来土邦辖地的广肇籍和客家籍会馆纷纷成立，不下数十家。马六甲潮州会馆之前身"潮州公司"成立于1822年。新加坡福建会馆的前身天福宫成立于1839年，是福建帮的议事主场所。马六甲闽侨的天福宫的成立则迟至1843年。海峡殖民地早期华侨社团，以人数较少的广肇籍社团成立最早最多，次为客属社团，人数最多的闽南籍华侨社团数量较少，成立亦迟。这是因为闽籍华侨经济实力雄厚，甲必丹多由其担任，与殖民政府关系较密切，在各秘密会社中实力较强。因此，其成立社团的愿望不似广肇、客家籍华侨那样迫切。

创办学塾和报刊是华侨社会发展到一定阶段的产物，通常由社团或富商倡建。据载，早在1815年，马六甲即有三间华文学堂，为传教士和闽商所设。1829年，新加坡已有三间华文私塾，以粤、闽方言教学，学生数十人。1849年，闽侨陈金声倡建崇文阁于天福宫西侧，为师生讲授孔孟之书，究闽侨文化渊源之所在。陈金声是马六甲侨生，祖籍永春，时为新加坡商业巨子和闽帮领袖。1854年，陈金声首倡开办萃英书院，十二闽商同仁共襄，筹得买地、建校、开办和维持经费共万余元。书院奉文昌君和紫阳神位，以闽南方言教学，学童免费入学，以期侨社达"斯文蔚起，人人知周孔之道，使荒陬遐域，化为礼义之邦"。此后，各方言帮派和富商均相继创办华文学堂，大多以方言教学。

■ 越南、暹罗和缅甸华侨社会

越南与中国山海相连，文化与中国相近，是早期中国移民的主要目的地。暹罗为中国人下南洋的福地。不仅因为暹罗自然条件优越，物华天宝，更重要的是暹罗王室和民众对华侨青睐有加，华侨社会形成甚早，且发展平顺。早期缅甸华侨社会形成于北部，在清朝统治者和当地政府的压迫下时盛时衰。18世纪后期，缅甸南部华侨社会才得以形成，并延续至今。

1. 越南

19世纪初以前，越南分属不同政权统治。因此，华侨社会的规模和职业结构南北各异，彼此独立发展。

广南各地华侨社会由明末中国遗民及其后南来的中国移民组成。明清鼎革之际，不愿仕清之明末遗民纷纷南渡越南，或投靠北圻的黎郑，或投靠广南的阮主。永历政权败亡后，黎郑与清朝合作，不愿保护南逃遗民，转助清朝剿抚反清势力。因此，南逃越南者多奔广南。广南阮氏远离中国，也非清朝敕封之藩屏，且欲依靠中国遗民开发南方，因此，广纳南来遗民，并择其贤良者委以官衔。杨彦迪、陈上川部至广南，阮氏恐其不易被驱使，不敢收留其在广南本土，命他们往里路与真腊交界处的真腊东浦辟地而居，拓土效力。东浦沃野千里，阮氏垂涎已久，未暇经理，因此，借南明遗众之力，一举而三得。东浦虽地广，但人烟稀少，多数泽林莽。杨彦迪部披荆斩棘，兴修水利，辟荒原为鱼米之乡。闽粤人得知华侨开辟东浦，也纷至沓来。经杨部十数年屯垦，东浦已成为中国及西洋、日本、荷印诸国商船凑集之地。阮主在东浦建镇边营（今边和），在柴棍建藩镇营（今嘉定），设立社村坊邑，定租庸税例，攒修丁田簿籍，得户逾四万。在华侨商居集中地的镇边和藩镇地，专设清河社和明香社（今明乡），将华侨列为编户。社设该社、乡老、乡长三职，下辖正长、副长、通事和甲首等职，所有职位全由华侨担任。陈上川被阮主任命为藩镇都督，承封疆重任，统当地华侨社会，俨然如自治领地。1715年，陈上川病逝，其子陈大定领其将兵，与河仙莫氏联姻，仍称雄南圻。直到1732年陈大定去世后，南圻陈氏势力才逐渐消亡。

与杨、陈部开发东浦同期进行的是莫玖部开发河仙。1671年，雷州海康县黎郭社人鄚玖越海南投真腊，据说是以财贿真腊国王及其宠妾，受封署河仙屋牙，治理河仙。莫玖娶越妇为妻，在当地包税开赌抽分，又发掘银矿，骤以致富。莫玖又在富国、陇棋、芹渤、淂贪、沥架、哥毛等处立七个社村，用以安置闽粤各地前来投奔的流民。河仙原本是林莽蛮荒之地，莫玖率移民伐林垦荒辟田，修引河渠灌溉农田。此外，他还筑堡掘壕，装备炮队，以军备保境安民，成为拥有武力的自治华侨社会。莫玖后弃柬埔寨国主，转投广南阮氏政权。阮主封其为总兵，镇守河仙，地位如广南属国。1735年，莫玖病逝，其子莫天赐承袭父位，被封为河仙总兵大都督，受命替广南王开铸钱局，以通贸易。在莫天赐治下，河仙成诸国商旅凑集之地，华侨社会更为繁荣。莫氏又开招英阁，招徕四方中华文学之士，日与之讲论唱和。莫天赐本人自撰河仙十咏，才韵为一方称重。莫氏经营河仙百余年，华社稳定，商贾云集，中华衣冠文物俱盛，号"南天乐土"。直到18世纪后期遭西山起义军荼毒，河仙才衰败。

17世纪中期至18世纪，一个以商民为主的华侨社会形成与发展于广南会安港。会安是广南对外贸易的门户，明后期即是华商、日商聚集的繁华商埠。因日本锁国，到17世纪中期，会安日商已所剩无几，华商因不须向官府纳税，且少了日商竞争，因此愈聚愈多，增至四五千人。此后，南明遗民也大批涌入。华商善贾，熟悉航运贸易事务。广南国王利用华商经营对外贸易，因此，广南的通商、航运管理等多种职务，阮氏多委明香社、清河庯的华商担任，协同当地衙署和艚务司管理外国商船、货价及通泽等，专管华舶的税关长也是华商。会安港各国客货密布码头、人烟稠集，华商是会安的主体，主要街道"长三四里，名大唐街。夹道行肆，栉比而居，悉闽人，仍先朝服饰。

妇人贸易，凡客此者必娶一妇，以便交易。街之尽为日本桥，为锦庸。对河为茶饶，洋艚所泊处也。人民稠集，鱼虾蔬果早晚赶趁络绎焉"。会安华商还成立洋商会馆，是华商公会组织。

与暹罗相似，广南政权善待华商华民，华侨都是单身来越，娶越妇安家乐业。数代之后，华侨家庭与当地人逐渐趋同，明香人亦不复为"明朝香火延续者"。只是广南华社不断有新客加入，因此华社仍能续存。

北方庸宪华商社会则逐渐消亡。17世纪以后，庸宪是北越门户，距国都仅百十里。凡四方洋船贩其国，悉泊庸宪。到17世纪后期，庸宪有街市数十，时称"天朝街"，多为华商所居。庸宪的工商贸易，多为华商主持。1711年，庸宪已有华商行业协会20余个，分染坊业、肉食品业、渔业、木材业、陶器业、藤席业、皮革制品业、大米业以及中草药等各业。当时的庸宪已是东业重要的国际商埠，与首都并列为北圻两大都会。华商增多后，引起黎郑统治者的忌讳。先是在1650年，就禁止以华商为主的外围人在京城居住、开店，并禁止华商与越人混居，仅允东南部的清池和劝良社为交易居留之地。原居京城的华商只好陆续移居庸宪。1696年，更不许华商随意出入都城。1666年，黎郑对于长住的华商，则迫其归化入籍，从当地习俗。1717年，限北来华商只准居住在庸宪的来朝村。同时，规定入籍华商还需服役，且言语衣饰都必须与越人同，否则遣返。黎郑统治者对定居华商的强迫同化政策和对短期寓居华商的隔离政策，终使华侨社会难以为继，定居华商或离去，或很快同化于当地越人社会。

1771年，广南西山阮文岳三兄弟起兵反抗阮朝，时称"新阮"，新旧阮就此争战不断。1775年，安南黎郑军队南下，攻击新旧阮，南海的中国海寇也加入争战。此后，清朝出兵支持黎郑。在战乱前后三十余年间，广南华侨多卷入新旧阮之争。支持新阮的华侨先有归仁华商李集亭组织的忠义军和广南华商李才组织的和义军，其主力都是华侨，后李才部转而支持旧阮。嘉定华侨和河仙莫氏均全力支持旧阮，南海海寇何喜文部也加入旧阮阵营。战火绵延使广南各地华侨社会几陷灭顶之灾。1782年，新阮西山军攻占嘉定，"凡唐人，不问新旧兵商，剩万余人，皆尽杀之"。西山之乱期间，在越老侨新客，生命财产损失惨重。尤其是广南各地华社，均元气大伤。嘉定沦为战场后，原本繁荣的唐人街区几至荒废，华舶贸易随之衰微。边和镇三江西岸的码头原本是中国商船辐聚、华民常寓之地，"自西山之乱，人地流移，今成灌莽"。

1802年，旧阮阮福映在法国人的帮助下统一全国。次年，清朝封其为越南国王。南圻社会经济逐渐恢复，华商复聚。阮福映感谢华侨支持，特准其在越南北、中、南圻建立明乡社，凡明人五人以上可自立乡社，但须登记造册，并禁剃发结辫，不得杂于华民户籍。明乡社自行管理身份登记和征税等，税负高于越人而低于华侨，免兵役徭役，可入仕考举，任官为宦。1814年，越南国王允华侨新客可以籍贯、方言分野设帮自行管理。各帮自推帮长，行使人口登记、征税和其他行政权。此后，越南各地华侨社会以帮组构，明乡人则自成一系，与越南人逐渐融合。

18世纪中后期，越北的厂矿几乎尽为华侨经营，如太原送星银厂、兴化蝎嗡银厂、聚龙铜厂、云南边外都竜银厂等。1761年，广东人张德裕前往安南送星银厂佣工，以后继充客长，承办送星银厂，其矿工人数上万。都毫银厂位于云南边外。18世纪中期，湘籍华商彭五中投资开采都竜银矿，获利达数十万两。聚龙铜厂亦属雍正初年中越边界争端后清政府"赐"越之地，1728年割予安南。1757年，安南允华商黄文期在聚龙设厂，召集雇工开采铜矿，限两年完成，免税三年，所采得赤铜，准予在安南国内出售。1774年，华商黄恒领照开办兴化蝎嗡银厂，矿工三百多人。也如南洋其他华侨矿厂一样，这些在越北采矿的粤籍人，大多是嘉应州、惠州、韶州等地的客家人。送星银厂张德裕原籍广东嘉应州长乐县（今广东省五华县），张南特籍隶韶州翁源，兴化蝎嗡银厂客长黄恒有籍隶兴宁，属广东嘉应州。云南边外华侨厂矿，则以原本已在云南开矿的江西、湖广人居多。投资开办矿厂花费甚巨，又需大量后续资金不断投入，因此，多数矿厂为多人共同投资，参股合伙经营。合伙人在矿厂中的分工和地位通常依出资多寡而各异。矿厂周边也聚集很多华侨商贩，供应各种日用品。商贩或遇资本耗折，无钱返乡，也到矿厂谋生。而出境采矿的边民通常也带有货物，一肩挑针线、鞋布诸物往，兼营小商贩行当。因此，越北华侨矿主即是矿区的客长，大矿区聚数万人，小矿场也有数百人，各有首领统率，彼此声气相通，有各项生活设施和共同的谋生行业，俨然小型华侨社会。

1775年，安南黎郑政权以华侨滋事为由，派兵查封矿厂，逮捕并遣送所谓的首从犯人回中国两广地方官府。清朝下令关闭广西沿边的通商关隘，同时派军实力稽查，"毋许一人出口，并饬永远遵行"。越北华侨矿厂一蹶不振，不少矿区华商华工星散，或潜行回国，或融入当地社会。1788年，清廷应旧阮之请，出兵安南，与新阮西山军交战。部分越北厂民协助清军作战。清军撤回后，很多厂民回国，越北华侨

▲ 谢清高像

矿区自此迅速消亡。

2. 暹罗

暹罗华侨为历代国王所关注，被认为是最有能力之代理商、贸易商及船主。不少人拥有较高的社会地位或被任为官员。暹罗政府以"首领制度"管理华侨社区。阿瑜陀耶时期，都城外侨均分区寓居，各由经暹王认可的本族有威望、有势力者担任首领，按照本国习俗管理所属侨民。全国华侨首领为"銮初昌拉差色提"，即华民政务司司长，为政府行政官员，隶属财务部，管理华侨事务，且与同隶属于财务部的皇室货库司共同管理帆船贸易事务。华民政务司管辖设于各府的华侨县长。在泰国无数的文献记载中，从国王到平民，尤其是妇女皆热情赞美中国及其移民。19世纪早期曾到泰国游历的谢清高（1765～1821）称暹罗"颇知尊中国文字，闻客人有能做诗文者，国王多罗致之，多供其饮食"。由于暹罗政府善待华侨，暹罗华侨社会分布甚广。大凡商贸繁盛之地，都有华侨社区。

17世纪中期,暹罗华侨广泛分布于暹罗湾沿岸的阿瑜陀耶、北榄坡、万佛岁、北柳、柴真、万岑、六坤、北大年、普吉岛、尖竹汶、曼吉、佛丕、猜耶、廊营、董里等地，尤其集中于暹都阿瑜陀耶。中国海禁开放以后，华侨入暹川流不息，大部分是来自闽南的海商水手。17世纪后期寓暹的华侨，多从事贸易和航运业，其他的为各类工匠，数量当在万人以上。暹都阿瑜陀耶的华侨大部分聚集于唐人街和北大街这两条全市最繁华的街道，数量有4000余人。

18世纪中期以前,寓暹华侨以闽南人为主,其次是广东等省的商人。自1767年郑昭（暹名达信）任暹王以后，潮州人大批往暹，暹罗华侨数量也因此而激增，其居住区域也从各贩洋港口周边区域扩大到各河道下游城镇。达信在昭披耶河岸另建新都吞武里，华侨复向新都聚集。

除华侨较为集中的都城和暹南宋卡一带外，中部桐艾、尖竹汶、春武里、北柳和曼谷等地，华侨也日益增多。潮州人多居于都城及周边区域，宋卡等地仍为闽南人的聚居地。

19世纪前期以降，入暹中国移民的规模更大。华侨聚居地由南向北、由港口向内地、由城镇向农村扩展。随着海南人大规模加入移民暹罗的行列，北榄坡及以北区域，东北暹之柯叻和中暹，北暹的难河、容河、汪河一带城镇，均有海南人定居。1836年，潮州人已聚居于尖竹汶以北农村，有些村落几乎全是潮州人，主要种植甘蔗、胡椒和烟草。

零售业和手工业亦是暹罗华侨的主要职业之一，主要集中于曼谷及其他城镇。潮州人虽然在商贸领域优势明显，但在20世纪初，各地潮州人几乎从事各种职业。大体而言，潮籍商人在税收承包业、进出口业、碾米业和当铺业占据优势，大部分海口和运河的码头工、铁道建筑工和在城镇周边从事种植业者也多为潮州人；广府人擅长工艺机械，多居城镇，充当技师和工程师，经营铜铁店、机器店，少数人经营碾米厂和锯木厂，在丝绸业、建筑业、旅店和餐饮业占据优势；客家人多为经营干果店的小商贩、银匠、皮革工人、裁缝工和理发匠等；海南人多为木匠、种菜者、渔民、佣人、服务员、茶馆老板、苦力、矿工和小贩。客家人和海南人多聚于暹南、内陆和曼谷，是各方言群体中经济和社会地位较弱者。只有闽南人数百年间几乎都是商贾和航运业者，定居于各主要商埠。

暹南采锡业为华侨首倡。1821年，福建人吴福星、吴万利父子到北大年开采锡矿，福建乡亲纷纷来投。暹南华侨矿主雄杰者首推福建龙溪人许泗漳。许泗漳因参与闽南小刀会起义，在1822年与其兄许泗福南逃槟城，初为苦力，稍有积蓄后往暹罗攀牙经商，往来槟城与暹南两地。1844年，许获得暹南拉廊的采矿特许权，开办矿厂。许氏从槟城和本籍招徕乡亲，提供资金，鼓励新移民采矿。1854年，暹王委其为拉廊府尹，承包拉廊之锡砂税、土产出口税、红烟和鸦片烟税、酿酒税、赌税及各项入口商品税等所有地方税种，集税吏与疆臣于一身。

据现存猜也博物馆的铜钟铭文记载，早在1695年，暹罗华侨即建有闽南人祭奉之清水祖师庙宇。18～19世纪中期，潮州、客家、海南、福建等各籍华侨都建造本属庙宇。1807年，云南穆斯林亦在清迈建清真寺。仅在曼谷，华侨的知名庙宇即有十几座。如潮属之仙公宫、新本头公庙和大本头公庙；闽属之顺兴宫、观音圣庙（又称"阿娘庙"）、观音古庙及由永春人管理的福莲宫；海南籍属之水尾圣娘庙、泰华圣娘庙和昭应庙；福建永定客家人属之汉王庙和客家人、广府人共管的协天宫及粤属共管之龙莲寺。倡建者多为本籍华侨商号或商人。至20世纪初，华侨庙宇不下50余座，潮州人所建最多，其次为闽南人，再次为海南人。这些庙宇大多集中于曼谷，其次为暹南地区。与其他南洋地区的华侨社会相比，暹罗华侨的社团组织发展较为完整。先是庙宇组织，此后为与之相关的秘密会社及同乡和宗亲性社团的成立，再创设各籍华侨的全国性社团，在此基础上成立全国性超帮派的中华总商会。

逐渐融合于暹人社会，是17～20世纪初暹罗华侨社会的显著特征。由于暹罗王室和各级政府善待华侨，如拉玛五世所言，视华侨为王国组成部分，因此，虽然国人赴暹定居者续传数代乃至数十代，但历代华侨均与暹女通婚。暹罗与闽粤移民宗教相通，饮食无异。华侨娶暹妇后，生活习惯大多从暹人，用暹语，衣暹服、剪发辫，子孙如暹人一样，入庙修行小乘佛教。因此，第一代富侨所生男孩尚能从中国习俗和受到中文教育，贫侨的子女则基本暹化。两三代后，无论贫富，大多与暹人无异。如暹南吴让家族，数代显赫，第一世的吴让和第二世的吴文辉保持中国习俗，讲华语、通暹语，第三代则仅粗通中文，仍用吴姓，取暹名，去世后以暹俗归葬，第六代则全用暹名，以封地宋卡为姓。到20世纪初，吴氏已传至十代，子孙数千，但十之八九已暹化，从暹俗，营暹坟。因此，虽然每年入暹的中国移民成千上万，但两三代后，大部分都融入暹人社会。

3. 缅甸

17世纪时，缅甸华侨社会只存在于缅北，华侨以商贩为主。在18~20世纪初，其华侨社会的发展相对迟缓。缅北华侨社会因战乱、经济等原因而时盛时衰，并非一脉相承。

缅甸北部盛产玉石。早在明代后期，就有很多中国商人在此从事商贩和采矿（玉石）活动。据万历年间朱孟震的《西南夷风土记》记载："江头城外有大明街，闽、广、江、蜀居货游艺者数万，而三宣六慰被携者亦数万。"同时期的其他文献并无同类记载，因此，称大明街有数万内地人可能有所夸大，但相当数量的内地商贩聚居缅北，应是事实。

17世纪中叶，追随永历帝入缅之宫人多为兵卒所掠，朝臣不能归者或有赘缅，余众散于附近各村。白文选、李定同等率部四次入缅"迎驾"不得，其部众多流寓缅甸。南明余部与当地人通婚，经百余年生聚，其后裔数量亦相当可观。乾隆后期任云南巡抚的孙士毅称，这些南明余部后裔自成一支，即是后来的桂（贵）家。无论乾隆时期的桂家是否与南明余部一脉相承，但此桂家已与当地土著无甚区别。

清朝平定南明后，边境贸易如常。中国商民往返缅境，不受限制，且被视为上国之人，极受当地土著尊重。八莫、新街一带，一向是上缅甸的主要商埠。云南商贩过境后，沿江而下，深入缅甸内陆，缅酋则于商埠和江边设税口征榷。商民赴缅，或采矿或经商，或娶当地妇女定居，久之成聚。缅甸统治者多让华民自治。掸北牛平子、汉寨、白沙水、麻篱坝、小新寨、羊角山、猛果和、同上、独家村一带，多汉寨或汉人与土著杂居之寨，街长多汉官。乾隆年间，都城阿瓦有汉人街，择汉人为街长。1773年，阿摩罗补罗华侨已在汉人街旁建观音寺，花费达15000铢，由当地华商从输入货物税款中抽成捐建，是当地滇商共聚议事之所。但上缅甸并非富庶之地，商贸不发达，且缅北华商流动性大，因此，各地汉人街规模应当有限。

相比商埠的汉人街，18世纪中期缅北矿区的华侨社区规模要大得多。缅北富银矿，但土著不习烹炼，土酋听任中国人往采，仅设官榷税。矿主称为客长，由他自行招募矿方工。因此，内地人大批潜往缅甸开采银矿。缅北大山的新厂、老厂各长数里，来此开采银矿者，每年达四万人，多来自江西、湖广。大矿聚众多者可至数万，小矿也有数百人。矿区商贾云集，比屋列肆，俨然一大镇。在华侨矿区，华侨享有司法特权，

▲ 唐人街

"汉人与夷人讼，必与客长共听之。若汉人直，则治夷人以罪，夷人直则罚汉人以银。罚有不从，则解送内地治罪，无敢擅刑"。矿主之雄杰者如吴尚贤，据地一方，自行其政。茂隆厂主吴尚贤系云南石屏州民，他的矿厂最多时聚众至数十万人，声势之大连当地土著首领也畏惧。茂隆厂的强盛激起清朝政府的猜忌，云南边臣设计囚杀吴尚贤，矿厂工丁渐散。1767年，中缅大规模开战。兵火所至，华侨矿厂倾覆，矿丁四散。八莫、新街一带的商埠亦几成废墟。

18世纪末，很多云南商人到缅甸贩运棉花及其他货物。瓦城（曼德勒）周边的实阶是缅甸棉花的集散地。缅甸各地的棉花先运到实阶，集中后由中国商船载运至八莫，再转运至云南（昆明）。缅北滇商以八莫、阿瓦、阿摩罗补罗、实阶、景栋等地为主要贸易商埠，也形成大小不等的华侨街区。

1786年槟榔屿开埠后，渐有华商前往下缅甸。1826年首次英缅战争后，缅甸沿海地区纳入英国人主导之世界贸易网络。如同新加坡开埠，缅英殖民政府也着力招徕华商华工，既繁荣了商埠，亦为在缅进一步武力扩张的军需服务。早期来者多为英属槟榔屿及暹罗华侨，他们在丹那沙林、土瓦等地造船，在土瓦开采锡矿，在毛淡棉市镇种菜。英国殖民当局还从英属槟城等地招徕许多粤籍技工和闽籍商人，以兴建仰光的市政工程。1861年，英属缅甸的丹那沙林、阿拉干和勃固三个地区，已经有华侨10254人。

 知识拓展

最早的华侨社区（唐人街）

留居南洋华侨的增多，促使华侨聚居地的出现，南洋华侨社区至少

于元末以来就已存在。根据随郑和下西洋的马欢、费信、巩珍归来后的记载,我们可以了解明初南洋华侨的一些情况。爪哇的杜板、新村、苏鲁把益(今苏拉巴亚)等地皆有华侨聚居。杜板居民"约千家,以二头目为主。其间多有中国广东及漳州人流居此地,鸡羊鱼菜甚贱";新村地名,则是因中国人大批前来后才改的。村主为广东人,聚华侨千余家;苏鲁把益的当地土著千余家,华侨间居其内;在苏门答腊旧港,很多当地居民是逃往此地定居的广东及漳泉州人。其头目是广东人陈祖义,势力甚大。《东西洋考》记载了旧港地区另一股以梁道明为首的海商势力。"永乐初年,三佛齐竟为爪哇所破,废为旧港。是时南海豪民梁道明窜泊兹土,众推为酋。闽广流移从者数千人"。

第四章
19世纪后期~20世纪中叶的华侨

　　海外劳动力需求强烈的19世纪，海外华侨大量出现，现在世界上相当数量的华人大概是那个时代出国者的第三代或第四代。这个时代，不仅华侨，差不多全世界都发生大规模的移民，不管是华侨还是印侨（印度的移民），在移民大量化中起着非常重要的作用。

第一节　劳动力需求高涨与华侨的大量出现

■ 荷属殖民地的状况

　　18世纪20年代，是西欧列强开始疯狂争夺瓜分殖民地的时期。但是，从18世纪起，关于废除长达200年的依靠非洲奴隶经营殖民地制度的呼声不断高涨。1833年英国、1848年法国、1855年秘鲁、1858年葡萄牙、1863年荷兰、1865年美国、1870年西班牙先后废除了奴隶制度。但是，华侨等亚洲血统移民在"契约移民"或"运费后付"形式的伪装下填补来自非洲的奴隶空白的状况方兴未艾。1840～1870年时期轮船开始在亚洲海域出现，那时期从厦门、香港、澳门、马六甲、越南等地把劳工送往古巴、秘鲁、智利、夏威夷、西印度群岛、圭亚那、毛里求斯，如同卖身一般被送走的劳工总数超过数百万。在东南亚，荷属殖民地在这方面臭名远扬。

　　荷兰入侵印度尼西亚的历史可分为1602～1798年的"东印度公司时代""贸易时代"和1799～1949年的"政府直辖时代"，直辖时代又分为三个时期，即19世纪前期的"强制种植全盛期"、后期的"私营种植园时期"以及20世纪的"绥靖政策时期"。地区扩及包括马都拉岛在内的爪哇本岛总汇在一起称之为"外岛"的苏门答腊岛、婆罗洲（加里曼丹岛）以及摩鹿加群岛等东印度尼西亚地区。值得注意的是，大量需求华工的，在时间上是19世纪后期，地区上是外岛。

如上所述，"东印度公司时代"的荷兰为了确保香料群岛，控制爪哇岛北岸的要塞，以达到垄断该海域的南北和东西方向的通商。至于尚未开发、人口稀少的外岛，则着力于获得港口以控制沿岸贸易。不久，扩大从巴达维亚（雅加达）到内陆的甘蔗种植之后，可以说发生了从商人向地主转化，将棉花和鸦片从印度运往爪哇，以爪哇大米供应摩鹿加群岛的香料种植地的新情况。虽然荷兰人暂时放弃了苏门答腊、婆罗洲的金矿、苏门答腊岛附近邦加岛的锡以及石油开采，但开发的主要目标放在农作物，首先面向爪哇岛，然后是苏门答腊岛的内地。开始时除大米外，还鼓励种植甘蔗、蓝靛、咖啡、胡椒等，但从1830年起，以耕作面积的两成为标准，强制种植咖啡、蓝靛、烟草、茶叶等出口作物，这种情况延续了很长时间。

本岛内陆历来就是爪哇人的水田社会，人口亦多，以农民为主，在这种制度下，他们开始由自耕农变为雇用劳动者。19世纪中叶，三分之二的华侨居住在爪哇岛，其中福建厦门人占绝大部分，其中一部分住在苏门答腊。荷兰人建立起这样的分治结构：社会的上层是白人，中层是商人和中小农场主，下层是爪哇农民。亦有由华商运来的华人农场工人，但数量有限。

1849年，强制种植因受各界批评，而变成了白人的私营种植园，农场主或种植园主差不多都是白人，作物按引种先后，是咖啡、甘蔗、烟草、茶叶、金鸡纳霜（奎宁）、棕榈油、椰子以及19世纪末引进的橡胶。为了推进这些正在与世界市场接轨的作物生产，外资开始进入。在外岛土地虽不难筹措，但那里人口稀少且处于原始状态。印度尼西亚人口从19世纪中叶起迅速增加，这与广东移民关系极大，从20世纪30年代来看，本岛占一半，外岛占一半。福建人控制本岛和苏门答腊西部垄断商业部门，住在城市里。在外岛30%的华侨居住在农村。潮州人进入苏门答腊东部和寥内群岛、婆罗洲西部，在农场劳动，从1910年时起转入商业。客家人分布于邦加岛的锡矿、西婆罗洲金矿，亦向巴达维亚（雅加达）方面转移。数量不多的珠江三角洲移民无论在财力还是能力方面都高于客家人，他们大多分布于本岛的中部、东部，东婆罗洲、邦加岛、苏门答腊中心地带。

在外岛白人种植园这样迅速发展扩大的背后，按"契约移民"形式，预付工资，在恶劣条件下劳作的广东移民不断增加，这是不争的事实。移民吸纳中心是苏门答腊东岸州，从19世纪末到1930年约100万人从广东汕头来到那里。荷兰从殖民地统治的末期、20世纪中叶起开始采取绥靖政策，着手进行铁路、公路、港口、学校、医院等公共设施建设，因此可以说为现今的印度尼西亚的现代化留下丰富的遗产，这并非虚言，但自由贸易、自由劳动方面落后于人，为当今留下极严重的弊端，也是不可忘却的。广东移民眼中的印度尼西亚是比泰国还要恶劣的世界。无论如何努力工作终归也不能进入白人垄断的特权阶层。在爪哇岛，要进入农村地区或旅行则完全是不可能的。

到20世纪在中国女性大批移民之前，由于华人男子与爪哇女子结婚而反复混血，但那里存在诸如信奉伊斯兰教的问题以及被准许聚居城市的问题，因而继续处于半同化状态。也就是说，不必舍弃中国姓氏和崇拜祖宗，但要改为爪哇衣着、爪哇烹调、西洋风格的建筑；另一方面，他们当中还有记录十三代以前移民来的祖先的例子。这种中国化的华人，作为"帕拉那坎"（混血儿）而有别于爪哇人。从19世纪末开始来到外岛的华侨已经在本国接受民族主义的洗礼。因此，怀念故国，对本国政治变化很敏感。那时候中国女性亦移民前来，所以中国式的家庭很多，亦不忘记祖国语言。这类华人被叫做"托托克"。

在泰国，虽有数代前已被遗忘先祖的快速同化的特点，在印度尼西亚，由于殖民统治长达350余年，这样的情况亦开始出现了。

■ 移民的激增

从1830年起约100年间，海外华侨迅速增加。实际上其中半数以上都是劳工移民，所以也可以把这个世纪看作从"华商型"向"华工型"重点转变的时期，普通说的"苦力时代""劳力贸易时代"这种形容，稍嫌夸张。

1840～1850年在爱尔兰和德国由于农业歉收，经济萧条，有150万人移殖新大陆，同时期在美国加利福尼亚州和澳大利亚出现黄金热。从19世纪初到1930年从欧洲移殖新大陆（美洲）的人累计达4200万。在印度，1890～1920年曾有1200万人到加拿大的塞萨朗和东南亚做工。其中有900万人回国。大致来说，世界资本主义体系从欧洲扩展到新大陆及亚洲的周边地区，到处出现劳动力市场吸收廉价的劳动力。但移民的动机和状况，推动和吸引力形形色色各不相同。而且收容地区方面的状况和实情错综复杂纠缠不清。

不仅是华侨，还包括其他国家的移民，比如印侨（印度的移民），在移民大量化中都起重要作用的，是近代海运发达带来运输规模的大型化，来往次数增加，工作岗位和工资好坏的信息传播快速。香港是中国沿岸首屈一指的潜在良港，加之新兴海运业的迅速发展，与澳门、广州黄埔港、汕头港、上海一起建设了港口的基础设施，这种情况在与之联系的东南亚各港市同样发生。作为外轮雇用的船员，以及造船和港口建筑工人出国的人数大量增加。清朝对出国者的禁令姑且不论是否有实效，但比前期更严厉，这是事实。禁令的废除是1893年的时候。外国船自然而然地出入香港和澳门，接着是黄埔港和汕头港，这些地

方成为华侨的出国口岸，作为华侨输送地，广东超越了福建处于首位。曾是英国最大的华侨社会利物浦的华人都是从香港移来的。

以华侨最大的出洋目标地泰国来看，1824～1917年的94年间，进入泰国的华侨总数为203万人，先是每年6000～8000人，后来达到13000人的程度。然而，如是往复输送的时代，归国者即出洋谋生的劳动者也当然激增。在那时期的泰国，归国者对纯移殖者总数的比例为37%。1848年，美国独立后，加利福尼亚的萨克拉门托开发金矿，1850～1859年期间，招募了约7万广东籍移民，1860年在美中国人的总数为35000人，其中有50%回国。同一时期，到澳大利亚的移民是福建南部的契约移民，18世纪50年代的淘金热时期，广东约有5万出洋移民，占总人口的12.5%。淘金热过后的1891年的总数接近38000人，其中有2000余人是与当地人结婚生下的子女。

值得注意的是，往复输送和反复流动是人数激增的重要因素。如果将泰国的37%这个比例应用于整个东南亚的话，在这100年间出国的华侨总数不足1000万人，在各地的纯移殖者约为300万人。据一些研究人员认为，这100年的契约华工的数量减除归国者后约为300余万。有人推测，19世纪末到20世纪30年代华工出国数量为1400万人，其中有81%归国。

如果说出国谋生型是这时期华侨的主力军，那么其原因就是中国社会高度的人口压力和极度的贫困，还要重新考虑这样的解释：众多的农民或被拐骗，或因负债所迫，结果导致被逼大量出国谋求生路。的确，这时的福建和广东，即使从全国来看，受到人口压力和土地不足所窘困，说到"华侨村"集中的地方，最多的是福建省的福清县、泉州、厦门及其腹地，广东省的东北部客家人聚居的梅州及其西面的惠州、南面的潮州以及珠江三角洲南部、海南岛等地。泉州、厦门周边的低地是例外的富庶之地，是商人移居的根据地，此外的华侨母村由于丘陵多等原因而相对贫困。因此这两省中华侨村的贫穷而促进移民的这种原因是可以理解的。问题是这两省的生活水平是不是全国最低？答案是否定的。

实际上，清代这两个省属于与东部沿海各省并列的先进地区，不能自给的粮食可以从内地中进地区乃至泰国和越南等地补给，但工商业和商品农业发达，产品可销往中进地区和海外。从1787年到1933年不足150年间，先进地区人口和耕地都处于停滞不前的状态，但在中进地区，既有如东北、四川、云南那样人口和耕地都快速增加的地区，亦有如甘肃、陕西那样濒临饥饿边缘的地区。如果把移殖看作人口和资源分配重组，那么规模远比华侨大的内地移殖，在中进地区兴起。这样一来，被武夷山脉和南岭山脉阻隔，孤绝于中原的福建、广东两省人民选择移民海外的途径以图重新发展。这两个"先进地区"省份人民移殖的特色并非为单纯的劳动就业，而是身怀技艺出国（造船、船员、采矿、土木工程、碾米、木材加工、园艺栽培、小贩行商、批发、金融等）。

当然，并不能低估通过来自全国的人身买卖集中起来，从香港和澳门卖出的"猪花"和"猪仔"，即妓女、男女少仆的数量以及纯劳工的数量。但是如果来自全国的被拐卖的贫困者是19世纪华侨的主流的话，那么，为什么自当时以来的海外华侨纯属福建、广东两省数个移民母村的集团，又以地缘、血缘的网络紧密连接在一起的呢？要解开这样的共同点的谜是不容易的。

■ 马来半岛的锡矿开发

这里就马来半岛谈谈19世纪华工的移民状况。若从亚洲国际贸易的著名商品的消长来说，16～17世纪的主角胡椒和香料在欧洲市场达到饱和而逐渐衰落，接着砂糖也败于巴西和西印度群岛。此后不久迎来了"金属产业"的时期，其先驱者日本的原铜和金作为欧洲的货币、枪炮原材料和中国清朝货币材料曾一度兴旺起来。

挪威、英国康沃尔以及从缅甸南部、马来半岛延伸到苏门答腊附近岛屿的广大地区是世界三大锡产地。锡的用途很广，既用作青铜合金的材料，又用作印度、东南亚和西方世界餐具器皿及白铁皮屋顶材料（马口铁），中国则买来制作铸币材料，故在世界上拥有广阔市场。马来半岛北部的泰国属锡矿从13世纪起华侨就已着手开发，但中部和南部的锡矿则由马来人进行粗放的旧式开采。

马来半岛中南部早在14世纪已经兴旺昌盛，伊斯兰教化了的马六甲海上王国曾一度控制过国际转口贸易。但是，在葡萄牙（1511年）、荷兰（1641年）、英国（1824年）先后占领期间，旧王国失去了昔日的辉煌，日益衰落，半岛沿岸的要地不断有来自西里伯斯岛布吉斯族马来人进入，内陆部分有苏门答腊马来人进入，出现了总共有十多个苏丹国并立的局面，其中主要的是马六甲苏丹，一部分地区则臣服于苏门答腊北端的亚齐苏丹。布吉斯族的苏丹控制几条河流的河口，将每族的酋长们安排在交通要冲，从渡河的货物如锡、胡椒、补给物资中按比例收取押头，其部分收益充当纳贡和商品。

当荷兰入侵马六甲的时候，正是郑成功父子海上王国的鼎盛时期。把中国贸易视为根本的荷兰，不希望反清根据地厦门的华商进入马六甲，但资本和信息上占尽优势的福建华商及其批发商着力拓展势力，凭据青云寺（同乡会的所在地）扩张网络，使港市的华人甲必丹（葡萄牙设立的华人首领之职务）历代均由福建人所垄断。他们高举反清大旗，弘扬发祥于福建的秘密组织天地会、三合会的义气。

英国的东印度公司及归属其下随同贸易的英国商人（称作冒险商人）的势力，随着英国占领槟榔屿（1786年）、马六甲（1795年），新加坡开港（1819年）而扩大，但英国政府采取不直接介入政策和间接统治的

▲ 锡矿石

保护领（土）的姿态，所以福建籍华商才能在上述的港市发展立足地。其活动的舞台是马来半岛尚未开发的锡矿。

在归服亚齐王国的霹雳王国年产锡300吨，暹罗（泰国）属普吉岛年产500吨，森美兰年产500吨，现在的吉隆坡附近的巴生河流域上游还埋藏着巨大的砂状河锡矿。这一带原是雪兰莪王国的属地，在19世纪，为开采锡矿，大量进入的广东华工、福建商人、英国商人、本地马来人卷入这一大纷争之中，结果，导致吉隆坡市的诞生，英国人获胜并处于其直接统治之下。

马来锡矿的装运港是马六甲、新加坡、槟榔屿。从印度运入鸦片和武器的英国走私商人、来自福建和广东的批发商和放债人在那里扎根。在资本实力和批发业上华侨占有优势。他们除作为矿工的介绍人（经纪人）之外，还向有势力的矿山主马来人苏丹和贵族、矿区地主和经营者融资，出售粮食、鸦片、酒类、猪肉和武器，收买锡矿。

在矿区雪兰莪，马来人约有5000人，但都集中在河口的低地。从18世纪20年代起，马来锡矿最繁荣时期，整个马来半岛有12000华人矿工。1860年总数增至10万人，在雪兰莪也有1万人。建立了9家公司（近似建筑工地工棚的生产和生活的互助单位）。矿工几乎都来自广东梅州和惠州，这样一来便形成了梅州人归入福建籍的海山帮、惠州人归入广东籍的义兴帮这种帮会组织，但最后都尽归天地会的保护之下。平常人际关系很好，若有纷争则按海山帮或义兴帮编入战斗队进行械斗。

马六甲等地的华商之所以要动员梅州和惠州的客家矿工，是因为这两个地方山多田少，身怀技艺的人多，他们胜任开山筑路、开垦种地和木材加工，用吊杆和水车排水，用鼓风炉冶炼金属的技术性工作，而且人人都具有刻苦耐劳的品质。汕头和广州一带的人惯于从事园艺农业，而且对海外工资的收入十分敏感又很了解。

18世纪20年代，马来人酋长兄弟二人打算开采巴生河一带深山的锡矿，但马来人矿工人手不足又缺乏技术。为了开采距吉隆坡北部10英里的矿山，招募了大量梅州海山帮矿工，从1840年到1870年这个矿区处于兴旺发达的时期。接着，在1857年该酋长兄弟打算开采巴生河上游的安潘矿，从马六甲青云亭寺庙的福建华商和英商借贷3万元，并招收87名华工采矿。一行人长途跋涉不堪痢疾之苦，一个月后减至18人，后来又增派了150人，从1859年起，马来半岛首屈一指的锡矿开工了。附近的吉隆坡开始建设成村镇。这个地方是年年火灾、疫病频繁，谋生的矿工穿梭往来的村镇。矿区由以马六甲为根据地的马来人地主兼商人斯坦·胡亚萨控制，他们大力扶植租借矿山的马六甲出身的华商，著名的第一任华人首领（甲必丹）为邱秀，第二任为刘壬光。该矿山的多数派是惠州的义兴帮。

第三任华人首领叫叶亚来（1837～1885），在马来历史中有详细记载。他是惠州客家人，18岁那年经澳门到马六甲。他寄身于同族家中之后，经介绍到附近矿山小村的商店帮工，但得不到店主的信任，被劝返乡。在前往新加坡的途中，他决定孤注一掷，以100元的积蓄到了雪兰莪南端的卢库托矿山。他曾在惠州乡里张昌开的公司做过厨师，养过猪，做过以猪换锡的易货买卖，还做过小贩，后来到了森美兰的大矿山，后移居于乌戎。

乌戎虽然是苏门答腊马来人的殖民国，但酋长们围绕锡矿的权益而争斗不止。叶亚来在武功勇力和商业才干方面都远胜于当时的华人首领盛明利，成为他的得力助手和部队长级的负责人。1860年，发生矿工争斗，1200名华工中有400人被杀，盛明利也死去。在调停纷争的同乡、同姓华商的支持下，争斗中负伤的叶亚来继承了当地甲必丹之职。1862 年，在卢库特和乌戎两地就熟知叶亚来的刘壬光，一当上吉隆坡第二任华人首领就传召叶亚来做其得力助手，还派他负责经营自己所拥有的矿山。不久刘壬光病逝，除了斯坦·胡亚萨外，在富有的华商支持下，1868 年叶亚来继任第三任华人首领，并获得刘壬光的大半财产。事实上奠定了身兼大矿主、市长、帮派首领的地位。然而，叶亚来获得辉煌成就之前，就注定了以生命为赌注的悲壮人生，1866～1874 年的雪兰莪战争就是一个悲壮的时期。

在西里伯斯岛布吉斯族的殖民国雪兰莪，1857 年穆罕默德苏丹在 31 岁去世之后，发生了家变。嫡子马姆托太年轻，长女和次女的丈夫虽然很有实力，但籍贯是苏门答腊籍，故不能继承家业，三女的丈夫阿卜杜勒·萨马特登上苏丹王位。那时占有巴生一带的酋长马蒂拓展势力，从原领主阿卜杜勒手中夺取了巴生地区。新苏丹阿卜杜勒·萨马特因失去该地区的收益而愤怒万分。解除了女儿与马蒂的婚约，从吉打国招赘库丁为婿，并授予全权摄政。

叶亚来就任甲必丹的仪式上请马蒂以苏丹名义出席，把他看作国家的掌权者，以图利用其权威将北部的坎廷和南部的兰加托梅州矿区合并。但是，马蒂的企图是从矿山收益中征税，为了控制巴生地区，分裂华工集团是最佳策略。恰在那时，叶亚来曾在卢库托公司为其工作过的张昌，企图推翻叶亚来，自己作甲必丹，率领同党到叶所在的镇上。受到冷遇的张昌前往梅州籍的坎廷矿区，凑齐兵丁发动进攻。叶得到马蒂的支援，初战获胜，但由于希望得到坎廷矿利益的图谋而与马蒂发生冲突。为此叶亚来求得苏丹和摄政库丁的庇护，形势变得对苏丹有利，到 1871 年的战争中张昌在坎廷战败，带领残部辗转逃往兰加托，与当地梅州帮会合，马蒂也逃亡国外。

1872 年马蒂从逃亡地返国，与摄政苏丹库丁进行决战。库丁结集了包括华人矿工、马来兵丁、印度人部队和欧洲人指挥官在内共同参战，吉隆坡被攻陷，几成废墟。库丁与叶亚来败退巴生，1873年两人从中国招募400名华工援军，以及获得来自彭亨国的马来人援军而重振军威，于同年底夺回吉隆坡，内战宣告结束。

第二节　华侨出国的高峰期

■ 轮船时代来临

若以1945年以后作为战后殖民地时期和华侨史的"现代",那么在此之前100年则是华侨史的,从广义来说是被称作东亚、东南亚华侨史的"近代"。19世纪中叶被看作"世界史的一体化"的启动期。已经到达亚洲的世界资本主义国家使印度和东南亚沦为殖民地,在那里开辟广大的劳动力市场,一下子吸引了正为人口压力和贫困所苦恼的中国,尤其是华南的劳动移民。

以世界史的视野,在"近代"这个舞台上谈论华侨的时候,利用殖民主义等的抽象概念去说明大致的道理是很有用的。但是,梗概与确切事实之间仍存在相当大的差距。

例如,接受大批出国华侨总数三成多的泰国,处于作为独立国经济发展时期。华侨不是从全国,而是从华南的广东和福建出国的。如上所述,这两个省并不是全国最贫穷的省份。两省商品经济之波正向农村冲击。其实这两省中相对贫困地区的人们自信可以在商品农业、矿业、渔业、森林采伐业等手工副业上施展才能而出国谋生。当然,主流是外出谋生15～20年。因为各港口对穿梭往返外出谋生的人每次出入都进行统计,故只从合计上反映出来,但停留在海外的数量不多。

据推测，从18世纪20年代到19世纪20年代约100年间，中国向东南亚移民的总数约1000万人，其中定居当地的人数约300万。这与17～18世纪相比当然是出国的高峰期。出国的高潮是从18世纪70年代开始加速，其势头一直延续到19世纪20年代，然后稍为下降。移民的规模和动向与同时期白人从西欧和东欧向美洲大陆移民存在明显的差异。在美洲总计有5000万人移民，欧洲各国经济发展初期移民人数不断增加，但不久之后，推动力有所减弱，移民人数减少。另一方面，华侨出国的动态并未出现这种倾向，仍然继续增加，但在第一次世界大战及中日（甲午）战争时期又急剧减少。

1870年以后华侨出国的规模迅速扩大，与轮船定期开航、通商口岸开放密切相关。19世纪前期，华南中国帆船海运的中心是福建厦门，控制着海峡殖民地、荷属印度尼西亚、菲律宾、泰国的海域，每艘船运载约200～600名移民。此外，还夹杂一些泰国制造的同型平底帆船和沿海岸航行的20吨海南岛帆船。因为是扬帆驶船，所以每年10月～至次年4月向南航行，次年6～7月返航，前后需要两年航海。1850年欧美的双桅快速帆船一出现，中国平底帆船便开始逐渐衰落。1845年英国邮船作为民用轮船驶达香港。号称"海运国家"的泰国从1850年起早就开始制造泰式轮船。

到了轮船时代，1843年香港、广州、厦门，1858年汕头开展自由贸易，福建人到菲律宾、新加坡、马来半岛南部、泰国，广东人主要到泰国、新加坡。18世纪60～70年代欧美轮船的定期航班和往来次数开始增加，95%的移民不是乘帆船而是乘轮船到目的港，故移民的规模必然大增。为了加强竞争力，运费由8美元→1美元→50美分递降。即使如此，轮船开航的最大受惠者当然是广东人，尤其是汕头的腹地客家人、潮州人以及广州人和海南人。移民的目的地是泰国曼谷周围。

■ 泰国经济与广东移民

鸦片战争前后，泰国在外交和军事上所受到的压迫要比中国轻得多。从1782年建立的拉玛王朝以"通商国家"而闻名，国家财政建立在王室垄断贸易的基础上。作为海上商业的行家、福建人为首的华商深受重用。拉玛王国采用封建制度，农民归属于特定的主人以供劳役，每年向国家支付人头税。在这种社会结构中商业、手工业和服务业很落后，外国人特别是华侨正好填补了这个空白。辽阔的湄南河三角洲开发，通商的商品大米、甘蔗、烟草、胡椒、棉花、果品、柚木、锡、硝石等生产量很大，但承担这种商业性的第一产业常以种植园农业或者矿区承包制的形式进行。广东的梅州人、潮州人、惠州人以乡里的形式组织起来进行开发。这些人差不多都是在高工薪的诱惑下前来的谋生者，成功者成为农场主、矿山承包者、商贩、放贷者，转移到城市中去。

在泰国当地入籍泰国，或仍保留中国籍由自己申报决定。如果保留中国国籍，则三年缴纳一次人头税，手腕饰以押有印鉴的布条就可以到各处旅行，待遇比泰国农民还好。

曼谷和汕头设有输送移民事务的代理处兼旅店，由称作"客头"的经纪人从农村将愿意移民的人送到旅店。贫困的移民以"后付旅费"的方式

▲ 泰国曼谷风景

在泰国劳动以抵偿旅费，其中大部分是自由劳动者。可是，华侨中赚钱的人是泰国政府准许的营业者，即承担王室海运的人以及征税承包者。矿山承包者上缴生产所得的一成或一成六，还有赌场、鸦片烟馆、酒店收入中的六成。他们的工作还包括向华侨征收人头税。

从18世纪前10年开始发展的泰国经济实际上与华侨有很大的关系。在资本和运输手段上处于优势的英国、德国、法国的商人，虽然同样是外国人，但进入泰国的时间却晚得多。华侨垄断了90%多的官办事业的承包。对华侨的征税也低，华侨深谙泰国国内市场，连零售业亦牢牢控制在自己手中。而且惯于按照所有海商、船员、水手运输私货的份额进行买卖，可自由旅行，购买不动产。

1855年，发生了一次大的变化。那就是英泰"博灵条约"，从此泰国迈上自由贸易和近代化的进程。其中包括领事保护权、治外法权、资产收购、曼谷居住和旅行自由、修订固定关税率、废除计量税、鸦片贸易合法化等。1910年又将三年征收一次的华侨人头税改为每年征收。1891年泰国农民也从徭役制和隶属制中解放出来，他们离开农村流入原是华侨独占的曼谷市。垄断官办事业安于中间获利的上层华侨陷入四面楚歌的局面。然而，华侨审时度势，机敏应付各种情况变化，渡过危机。

首先，进行了湄南河三角洲的围海造田，泰国大米适应中国、东南亚、西欧（及其殖民地）急需大米的市况，成为最大的海外出口商品。加之从1866年开始蒸气碾米机的广泛应用，有助于大米的大批储备和出口。潮州人在城市碾米企业及其工人方面压倒其他竞争者，其中还涌现出创立于1907年的塞诺·阿米兹银行经理。华侨还充当经纪商，收购各地农民的稻谷，卖给碾米厂，再带回日用必需品卖给农民、各种商品作物农场的场主和雇工。

在经济近代化中，泰国政府废除了官办事业承包制，作为新税，谋求人头税、所得税和劳务的现金缴纳。就此产生的为农民金融和兑换现金的地方市场的交易中，华侨势力扩展到贷款和零售业。城市设施从"水上城市"向"陆上城市"发展的曼谷及其周围，道路、运河、寺庙等公共土木建筑都需要借助于华侨的力量，也可以说其象征性的曼谷市内的王宫、使馆街等今天的"新路"都是建于1864年，同时还建设了长达两英里（1英里=1.6公里）的华商街。这样的城市商业和土木工程是广东珠江三角洲移民的大手笔。由于拉玛五世的远见卓识，利用西方技术和华侨工人的力量从1897年开始修筑了北向和东北向的铁路网，在采石、路基建筑、枕木铺设方面，潮州人和客家人贡献良多。而华侨海运业衰落，加上以海运为背景的第一势力的福建、广州势力的人口跌至在泰华侨的第四、五位，但仍垄断着港口工程和造船行业。

从18世纪70年代开始约50年间，针对泰国向近代化发展，上述情况就是以潮州势力为支柱的广东移民大举进入泰国的背景。对于双方来说，可以说是"互相帮助""取长补短"的相互依存关系。在泰国方面，在自由贸易的路线上表现出接受近代化的姿态，而来自华南地区的华侨正好具备可作贡献的经验知识和劳动力，真可谓相得益彰。即使相对于以高度技术和雄厚资本以及近代运输手段打开泰国门户的西方人，华侨毕竟也能与泰人建立"互惠互利"的交情。不懂泰语和中国语又不掌握市场信息的西方人，不得不借助华侨买办之力。

美国淘金热

18世纪40年代美国西岸从牛仔和狩猎者的舞台转为矿业和农场开发的舞台。华盛顿政府从1841年起便派出科学普查团着手勘探各种有价值的矿床。碰巧，在爱尔兰和德国马铃薯萎缩病蔓延，导致白人移民美洲大陆的人数激增。

在移民高潮中，在从西班牙属墨西哥割让加利福尼亚州的九天前，即1884年1月24日，在现在的萨克拉门托市东北56公里的内华达山麓、阿美利加河发现了砂金和金块，南北延亘150英里的马扎罗多金矿被发现的消息传遍全世界，同年年底，波克总统向外证实，从此那里开始出现了淘金热。

过去全美的金产量为52000盎司，包括加拿大也仅值8000美元，连续10年内激增了4亿美元，1850年增至240万盎司。一首名歌歌词中提到的所谓"四九年开拓者"就是那些有幸初尝黄金繁荣成果的人。在英国，工程师的月收入为20～30美元，农民10多美元的时候，在黄金热期间，如果顺利的话，花费不到100美元备齐工具，每月就能挣得500美元。30年代到美国的移民数量为50万人，到50年代增至250万人，这期间，俄勒冈州、爱达荷州、华盛顿州等黄金及其他矿山广为开发，不久，内华达山麓的黄金繁荣于70年代结束。但是，在阿拉斯加又于80年代迎来了新的黄金热。另外，在澳大利亚，从1851年起陆续在维多利亚州巴拉腊特、本迪戈等地发现金矿，黄金繁荣一直延续了20年左右。在这个突然而短暂的黄金热之中，与华侨有密切关系的主要是美国的加利福尼亚州和澳大利亚的黄金热，而且他们大都是广州附近、珠江三角洲南部的外出谋生者。

那么为什么都是广州南部的人呢？是否都是苦力呢？淘金移民的母乡及主要人群都是由广州附近的南海、番禺、顺德三邑及其南部的台山、恩平、开平、新会四邑为中心集中出洋的。四邑虽然都地处珠江三角洲，但都是海拔200～300米的丘陵地区，三邑是广州附近的园艺地区，都是人口稠密而又比较贫困、开发较晚的地区。开山兴水利、造水田的是从内地移来人群和在清朝政策下迁移沿海的客家人群。

由于这种混合集团定居，三邑、四邑和客家之间方言各别，语言不通，而且同姓村庄亦多，凝聚力强。即使是纯农村，他们不是纯粹的农民，还擅于外出做工、从事小贩、洗衣、估衣、养猪、养鱼、卖杂货、开餐馆、做厨师、船员和种植蔬菜，练成一身农业、工业、土木工程的技艺本领，最终成为移民的精锐部队的骨干。

出入广州和澳门的英国、美国和葡萄牙的船只，可以就地雇用船员、勤杂、厨师，所以海外的情报信息和技术易于传入这些地区。马扎罗多金矿被发现的时候，较之距美国东部3000英里，需180天航程，即要绕过合恩角的长途航行到达加利福尼亚的白人相比，在顺风下只需1～2个月的航行即可到达的广州华侨则有利得多。1848～1849年共计有400人到达美国，之后，50年代的10年之内激增到65758人，60年代达34933人。总人口数中华侨的比例为千分之一，但他们的生产率、收益和汇款额很高，对矿业开发贡献大，因此，招来嫉妒，成为50~70年代发生的排华运动的对象。实际上，35000名在美华侨之中，有半数是短期逗留之后归国的外出谋生者，总计人数似乎被夸大了。

实际上，那时的确有苦力输出和"卖猪仔"的情况。在1830年正式实施禁止在殖民地使用黑奴的风潮中，美国经历了南北战争，在1856年正式禁止使用黑奴，在1860年的中英条约中，规定劳务合同移民可自由出洋，1868年中美条约中废除了合同移民，但同意自由移民。

▲ 美国的南北战争

虽然如此,在美国南部、西印度群岛、中南美、亚洲的英属和荷属殖民地,作为黑奴的替代,印度人和中国人移民的需求和所受的虐待是存在的,也是短暂的。与之相应,在广东和福建,一些横行霸道以人贩为业的人以有名无实的虚假合同欺骗来的贫民被软禁在澳门或香港的旅店内,然后500～600人一批赶上牢狱般的狭窄船舱内卖给雇主。但其实际数量不太多。有人认为1830～1920年包括苦力在内的合同移民出国的总数(假设有半数归国)为300万人。当然,一定还包括到北美和澳大利亚的部分移民。

可是,大多数的淘金移民是自费出洋,依靠亲戚、同乡的关系进行活动的。其最大的支出项目是30～50美元的船票,在淘金热的高潮时期,船费降到一半以下。另一方面,如果乘上缺德船长的船,也会出现因乘客过多而挤逼到不能转身的情况,也有一些船能令乘客健康平安地到达目的地。在家乡每月劳动所得仅3～5美元,但在美国每月能挣到30美元,70年代的铁路工程中,每月可挣30～35美元。劳动两年积得300～400美元,便能衣锦还乡。1876年,汇往广东的款项达1100万美元。

横贯内华达铁路的修筑

美国采金的志愿者从介绍人得到信用贷款购得船票,到埠后以劳动所得返还本息。在广州和香港设有招收和供同乡人留宿的船只兼仓库,干这一行的人在圣弗朗西斯科(三藩市)设有分站帮助寄信和汇款。轮船一到目的地码头便有人在栈桥上用同乡方言大声吆喝迎接中间人,由这个向导带领乘马车到西斯科唐人街的同乡会馆或宗亲会(同姓人的互助组织),在那里传达信息和注意事项之后,送往同方言、同乡团体势力控制的矿区。

说起来，现在（西斯科）的唐人街的地方，是1849年开拓者们作为停泊带篷马车、留宿、饮食、玩乐、过冬（不采金季节）的基地广场建立起来的。令人惊奇的是，1849年末在那里的广州饭店诞生了第一个中华会馆，1855年，分别按三邑、四邑、中山、客家等地区性划分建成为六大会馆，形成了汇总中小型同乡会和宗亲会的体制，同时还分化出各种形式秘密帮会分支的"堂会"。在马来半岛、苏门答腊、爪哇乃至中国内地的移民目的地，都建立了这种传统化组织，在支援华侨生活方面作出贡献。

在华人的偏僻移居地，商、农、工、技术人员的混成机动群体在商人的领导下结集起来，通过以生活为中心的服务形成团体，这一点更引人注目。西斯科的唐人街对白人移民来说也是方便的，黄金热过后，作为华侨流动的出人口，扩大了与城市生活之需相结合的就业机会。

黄金繁荣过后的60年代，吸收了大量移民的美国西部成为新兴农业地区，为了使之与工业发达的东部连接起来，美国人提出了修筑横贯大陆的中科迪勒拉·帕西菲克铁路的构想。西部的巨商斯坦福和亨廷顿成立了铁路公司，于1863年首先修筑萨克拉门托到俄勒冈长达300英里的铁路。这是一项非常艰巨的工程，要穿过海拔2000公尺花岗岩质的内华达山脉，穿越高耸屹立的大峡谷，翻过多纳岭。公司原定计划雇用爱尔兰人而不雇用中国人，但因黄金热的鼓动，无论工资方面还是工程内容上一时都难以招收足够的劳工。公司领导一改初衷，决定招募以擅长于修筑长城、开挖运河、开山做田等工程闻名于世的中国劳工。以水平与白人劳工相同的月薪30～50美元条件从广东珠江三角洲招募了12000名华工，占全部劳工的90%。除上述工资之外，与无偿提供住宿和伙食费的白人不同，华工以帐篷野营，伙食自理。即使在这种不平等的待遇之下，华工作为筑路的精锐部队，作出了重大贡献。工程于 1868 年 9 月竣工。

18 世纪末一些福建的牧羊、园艺、水运劳动者到了同处于开发期的澳大利亚。最初发现金矿是 1823 年前后，而真正的黄金热却于 1851 年出现在维多利亚，接着是新西兰。出洋的华侨大部分是广东珠江三角洲，特别是三邑、四邑的人。在现今的本迪戈的村镇荒野还遗存着洞穴般的采金遗迹、华侨墓地、神庙和中华会馆，令人追忆起昔日的状况。50 年代是高潮时期，那时澳大利亚总人口 40 万人之中就有 10 万是华侨。他们出版报纸，建立福利团体，许多人在商业上发迹。

在本迪戈和莱明戈弗拉特，曾发生华人与白人抗争而被烧杀抢掠的事件。澳大利亚各州当局一方面支持当时美国废除奴隶制度，另一方面又歧视亚洲移民而采取排斥的态度，入境税每人增加 10 英镑，居留税每月增加 1 英镑。这样一来，华侨便处于要么归国，要么与当地女性结婚留居下来这种进退维谷的困难关头。1888 年到 1900 年期间，澳大利亚民族主义高涨，使澳大利亚走上建立纯白人社会体制和确保白人劳工生活这条种族歧视的道路。建立于 1901 年的澳大利亚联邦脱离英国殖民统治，开始自治，另一方面，又进一步加强行使各州的区别移民法规。

作为该项白澳主义政策的一部分，是对入境者进行语言考核（移民限制法第三条）。所有移民都必须用英语、法语、德语、荷兰语、希腊语中的一种书写 50 个句子。在 1902～1909 年的一些入港地的考核时，在总共 1248 名亚洲人入境者之中，合格者仅 52 人。广东人即使能说蹩脚的英语，但写英文和西欧文字就太不行了。由于这种排他性政策，华侨占当地人口的比率从 1901 年的 0.6% 减少到 1947 年的 0.16%。通过杂婚而勉强残留下来的均转为种菜、贩菜、开饭店和造家具等行业，进入市郊或市内。

琉 球

　　琉球，在东南大海中，旧有三王：曰中山，曰山南，曰山北，后为中山所并。其国曾多次入贡，并派王从子及寨官子入国学。最初一岁再贡或三贡，"虽厌其繁，不能却也"；后因贡使在福建怀安杀民夫妇二人，焚屋劫财，捕之不获，始改为二年一贡，毋过百人，不得附携私物，虽屡次求改均不许。洪武中，曾"赐闽中舟工三十六户，以便贡使往来"。《明史》记载，其左长史朱复本江西饶州人，贡使蔡璨本福建南安人，其他不知姓名者尚多。嘉靖三十六年（1557），邀击倭寇，"获中国被掠者六人"，至是送还。隆庆中（1567～1572）凡三贡，"皆送还中国漂流人口"。历代名人颇多华裔，其见于记载而知名者：汉文学家曾益、蔡铎、程顺则，书法家郑周、郑嘉训、郑元伟，史学家蔡铎、郑秉哲，医学家叶自意、魏士哲，历法家蔡温、蔡肇功，制作漆器的谢凭武，开辟满剌加贸易的吴实坚，谏阻日本萨摩番要求的郑回，以及担任最高三司官达二十四年之久的蔡温等。每年清明节，李氏、蔡氏墓地皆有后裔前来祭奠祖先。有个村子雕刻了一座面向西方的石狮，村长说："我们的祖先来自中国，子孙后代都不应该忘记！"

第五章
明清的侨务政策机构的设置

随着华侨出国成为一种令人瞩目的社会现象，中国政府即开始制定对待华侨出国的政策。由于时代的不同，不同时期的中国政府对华侨认识的不同，关于华侨的政策也因之有异。专门的侨务机构始设于晚清，下面分别介绍明朝与清朝时期的华侨政策与侨务机构的演变。

第一节 明朝的华侨政策

■ 明初政府对华侨的政策

明朝以前，虽有大量华侨出国现象，但封建政府并没有将华侨事务提到议事日程上去。相反，宋、元统治者却鼓励海外贸易，市舶司对中国商人出海贸易发放公凭，实行抽分，华侨因之越来越多。然而，明初则情形大变，鉴于倭寇扰乱海防和潜在的反明势力的存在，洪武三年（1370）开始实行海禁，规定"片板不许入海"，完全禁止私人下海贸易，即使是朝贡贸易也被限制在最小的范围之内。

由于华侨出国是与民人出洋贸易这一形式密切相关的，因而禁止私人下海贸易，实行锁国政策必然也包含着禁止华侨出国的内容。根据明初海禁法令：凡下海船只，除了政府特许的之外，如果有人擅自制造三桅以上的大船，"将带违禁货物下海，前往番国买卖，潜通海贼，同谋结聚及为向导劫掠良民者，正犯比照谋叛已行律处斩，仍枭首示众，全家发边卫充军"。如果将火船雇给下海的人，分取番货，私自贩买苏木、胡椒一千斤以上者，一律没收货物，

发边卫充军。与此同时，对于已经出国的华侨，明初政府主要采取两种手法：

1. 招诱回国

1403年，明成祖登基，即颁布诏书，称南洋的华侨"本国家良民，或困于衣食，或苦于吏虐，不得已逃聚海岛"，而今"帝王替天行道，视民如子，当洗涤前过，成俾自新"，"朕已大赦天下，可即还复本业，安土乐业，共享太平"。1406年，又一次颁令华侨回国，"凡前所犯，悉经赦宥"，"宜即还乡复业，毋怀疑虑，以取后悔"。这里，一方面封建政府将华侨出国视为不得已而为之，念及华侨思还故乡，加之政府所谓"视民如子"，所以鼓励华侨回国重置产业；另一方面仍然坚持华侨背弃祖庐、漂流南洋，其行为本身就是有罪的，只不过现在的皇帝对此不加计较，赦免为怀罢了。

2. 安抚与镇压相结合

在极力劝诱华侨归国的同时，对于那些已在南洋置产立业、娶妻养子，且不拟回国的华侨则进行镇抚。即一方面打击不肯向明朝屈服的华侨，另一方面扶植亲明的华侨。如郑和下西洋时镇压海商陈祖义集团，同时又扶持海商施进卿集团即是突出的一例。

可见，明初统治者对待华侨出洋的政策虽然实质上与前朝一致，但是在具体实施时又有所不同，明成祖诏谕华侨回国的行为表明：明政府并没有将华侨全然视为化外之民而予以抛弃，而是努力尝试着使之成为利于明朝政府稳定的一个积极因素。与此同时，对于华侨出国则是反对的。

■ 明朝对华侨的态度

明代中期（15世纪末～16世纪中），倭患猖獗，而沿海之民犯禁下洋又趋之若鹜，政府实行严厉的海禁政策，不仅下令全部毁掉民间一切违禁大船，而且对从事私商贸易者采取连坐法，邻居知情不报者同罪。这样，实际上阻止了华侨的出国热潮。隆庆（1567～1572）以后，海禁开放，私商海外贸易尤为发达，东南亚、日本等地的华侨社会基本形成，但此时的明朝政府对待海外的华侨社会仍采取一种敌视的政策，甚至不如明成祖对华侨的态度。这可从下面三个事例中得到证明：

1.1574年，海商林凤率战舰62艘、士兵2000、水手和妇孺3500人，携带大量农具、种子、牲畜，拟武力移民菲律宾。进攻马尼拉失利后，退至邦加斯商省。明朝政府得悉后，即派人去菲律宾，向西班牙殖民当局表示：林凤的部下如向官军投诚，即可赦免前罪；俘获或击杀林凤者将获重赏。西班牙军队也答应，一旦抓到林凤，即送给明朝政府。明朝政府不惜与西方殖民者相勾结来对付那些被认为是有害于明朝统治安定的华侨。

2.1593年，华侨潘和五等人不堪西班牙殖民者的虐待，举行起义，刺杀了西班牙驻菲律宾总督达斯玛雷斯。菲西当局立即进行报复，一方面驱逐华侨出城内聚居区帕利安，并驱逐一部分华侨回国，另一方面遣使向明朝政府诉冤。明朝福建巡抚许孚远在接见来使后即向皇帝疏陈此事，他认为潘和五事件，既是由于西人"刑杀惨急"，激成此变，同时，潘和五等人起来反抗，杀死长官，"夺之宝货"，逃往安南，是十分狠毒之举。次年，许孚远派员前往马尼拉，召回华侨3000人。而朝廷在答复许孚远的上疏时竟称："将获逃犯正法，厚遣酋使以坚内向之心。"明朝政府之所以这样做：一是因为他们始终视华侨为"无赖之徒""奸民"，二是因为他们结好西班牙殖民者，以显示天朝宽大，共同对付日本人。

3.1603年，发生了西班牙人屠杀菲律宾华侨2万余人的骇人听闻的惨案。当时西班牙殖民者还深恐中国兴兵问罪。明神宗谕示:"吕宋酋擅杀商民,抚海官议罪以闻。"命令福建巡抚徐学聚传檄吕宋问罪。1605年发布《谕吕宋檄》,明政府对西人无故杀害漳泉商人万余人表示抗议,要求放回商民,退还被劫财物,但又称"海外争斗,未知祸首"?同时指出"商贾最贱",他们弃家出海,越冬不回,"父兄亲戚,共所不齿"。并声明明朝皇帝皇恩浩荡,"岂以贱民,兴动兵革",对于西班牙

▲ 明神宗朱翊钧像

殖民者"不忍加诛",而对于吕宋的华侨则是"弃之无所可惜,兵之反以劳师"。西方有人将这句话翻译为:"那些被杀的人是绝对该杀的,因为他们是被遗弃的人。"视华侨为弃民,不难看出,明朝政府虽然表面上进行抗议,但实际上它向殖民当局提出的放还被禁商民和被劫财物的要求正是殖民当局已经表示答应的,因此,一则华侨没有保护的必要,二则对菲西殖民当局的指责不痛不痒、色厉内荏,是非不分,敷衍了事。这种只顾朝廷脸面的妄自尊大,不顾华侨死活、宽容殖民者的做法,反映了明政府对华侨采取放弃主义的实质,而正是这种消极、反动的政策助长了殖民主义者的气焰,使华侨在海外的生存走上了一条更艰难曲折的道路。

总之,明朝对华侨的态度可归纳为这样两点:(1)禁止民人移居国外。(2)移居国外的华侨多为"奸宄""无赖""弃民"与"贱民",而不加保护,听任殖民主义对华侨的屠杀。在某种程度上,这种政策导致了16~17世纪中国南洋海权优势的完全丧失。

第二节　清朝的华侨政策和侨务机构

从清朝开始，系统而又严密的华侨政策逐渐形成，并可以 1860 年为界分为前后两个阶段，在对待华侨出入国，对待归侨以及对待移居海外的华侨等方面而采取的政策上两个阶段具有截然不同的特点。

■ 1860 年以前的华侨政策

在清朝全国统治建立过程中，就已着手对华侨出国制定严厉的政策，一直到 1860 年中国与英法《北京条约》签订为止，清朝政府的华侨政策虽在不同的时代在具体实施中稍有变异，但其基本的内核是一致的。具体表现在：

1. 禁止中国人移居国外

1647 年清朝颁布《大清律》，规定："凡官员兵民私自出海贸易，及迁移海岛居住耕种者，俱以通贼论处斩。"1660 年清政府下令将沿海三十里居民内徙，寸板不许入海，犯者处死，知情不报者连坐，以后多次重申此令，直至 1684 年清朝才废除了迁界令并实行"开海"贸易。

然而到了康熙五十六年（1717），政府专门颁布针对华侨的《南洋渡船禁止令》，规定南洋吕宋、噶喇吧（泛指荷属东印度）等处不准商船前往贸易，违禁者严加缉拿治罪。不过，去安南、日本的贸易船只不在禁之列，同时外国夹板船仍准来华贸易，只是外国船只出口之时，不得携带华人，违者治罪。直至雍正五年（1727）这一禁令才被解除。

清初统治者对于华侨出国如此厉禁，其主要原因在于：清初民族矛盾十分尖锐，尤其是南部中国抗清斗争激烈，直至1683年平定台湾郑氏政权，才算取得了全国真正的统一。在清朝入主中原、建立全国统治的过程中，一些忠于明朝的抵抗力量逃亡国外，台湾的郑氏政权得到了南洋华侨物力和财力上的支持，即所谓"海氛未靖"直接导致了"迁界"之举。然而，更重要的是，清朝政府将侨居国外一律视为仇视清廷、试图恢复明室的逃犯，因而即使在台湾被清军攻下，东南沿海基本安定的情况下，仍然将南洋华侨视为一种潜在的威胁。1717年的南洋禁航令颁布时，康熙帝说："噶喇吧乃红毛泊船之所，吕宋乃西洋泊船之所，彼处藏匿盗贼甚多。"噶喇吧、吕宋从明末以来聚集了许多汉人，康熙帝深恐这些汉人会成为反清的潜在力量，因此预为措置。换言之，政治上对汉人防范的需要是清政府"禁海"的本质原因。为此，一方面禁止人民出国定居，以切断国内汉人与海外华侨的联系；另一方面对于出国

▲ 乾隆像

船只进行严格控制，出洋手续层层叠叠，出入口岸限制甚严。

此外的原因有："重本抑末"的国策。要发展农业生产，必须将劳动者固着于土地之上，如果人们"轻去其乡"，去南洋从商，无异于舍本求末，因而要制止。同时，人丁迁往国外，必然影响到政府的赋税收入。再则，这种出洋也有悖于传统伦理道德观，是对父母不孝，对祖宗不敬。这些政治的、经济的、伦理的因素必然使清政府对华侨出国持反对、敌视的态度。这种禁止华侨出国的政策是清朝政府为维护君主专制统治而奉行的闭关锁国的外交政策的一部分。

1727年清政府解除了南洋禁航令，但这主要是出于贸易、税收方面的考虑，而非允许华侨出国。相反，从雍正到乾隆，防止华侨出国的措施愈益严密。政府不准边省民人私自越境、商人私自进入"番地"、私渡台湾和迁移海岛居住。在解除禁令的同时，政府规定：地方州县对于出洋船只，严加检查，将船主、伙长、水手、商人等人数、姓名、籍贯登载清楚，并令族邻保甲出具保证，如有报少载多以及年龄相貌不符者，即被缉拿判罪，保甲之人一并治罪。出洋船只回来时，要按照出洋时所查项目进行登记查核，如有去多回少，则先将船户人等严行治罪，再将留住之人的家属严加惩治。另外，不准外国船只携带华人，违者治罪。

与此同时，在陆路也有许多禁令。乾隆九年（1744），清政府在广西中越边境设立稽查机构，登记出关前往越南贸易的客商姓名、籍贯、货物、去向，查明印票，发给执照（腰牌），以备归来时查验，有印票腰牌者方许放入。规定在外贸易以半月为限，过期不归者，即唯头人、保人是问。对于在越逗留逾期者令越方官员查明驱回，安插原籍。1775年，清政府再次申令，如有中国内地商民潜赴越南，即令对方拘缉送呈清方。从乾隆时开始，同样禁止华民进入缅甸和老挝。在各关口，设兵严加察防。为了防止内地民人经土司出国，规定土司留寓汉民，一律勒令回籍，并建立十家连环互保制度。对于越境商民，抓回后或处决，或充军，毫不轻贷。同时，对于少数民族出国也加以制止。

2. 限制华侨归国

不仅禁止华侨出国，而且禁止（或限制）华侨归国，这是清朝前期华侨政策的一个显著特点。1717～1727年间实行的南洋禁航令规定：凡"内地之人留在外洋者，三年内准其回籍"，但康熙五十六年（1717）以后出洋者则不许归国。雍正五年（1727）解除南洋之禁，可对于华侨归国仍申令禁止。雍正帝认为，"此等贸易外洋者，多不安分之人，若听其去来任意，伊等全无顾忌，则漂流外国者，无可悯惜，朕意应不令其复回内地"。根据这一旨意，福建、广东官员议定：一年之内，如有愿意回来的人，不论年份远近，俱准其附船回籍，查明后交地方官看管、安置，不许复往；如果一年限内不回，即不准其再回，纵使是附搭外商船只，也不准进口，违者议罪处治。乾隆九年（1744）还规定，华人如在番地娶妻养子，置有产业，所谓"情甘异域者"，永远不许入口，以后如有商民在异邦私娶者，照例杖责。

乾隆十九年（1754）规定：以后如有因贸易稽留在外或本身已故者，其遗属愿回籍者，均准许回籍，"出洋贸易者无论年份久近，一律准许回籍。这是清政府第一次明令出洋贸易者可以自由回国，较之先前的政策稍显缓和。不过，这只限于领照出洋贸易之人，至于非贸易而出洋，非由海路而出洋者则仍属禁止之列。对于那些被清廷视为"偷渡番国，潜住多年，充当甲必丹，供番人役使，及本人无资本流落番地者"，仍需严行稽查。

对于按例回国的华侨，清政府也心存芥蒂，甚至严加控制与管束。一方面政府对于华侨没有正确的认识，认为出国之人多系不安分之人，况且在外居住十年几十年之久,底细难以尽知;另一方面担心华侨回国会煽动异教,滋生事端,勾结外国,危害边防。雍正帝说得十分明了:归侨"在外已久,忽复内返,踪迹莫可端倪,倘有与外夷勾连,奸诡阴谋,不可不思患预防耳。"雍正六年(1728),从噶喇吧回来了几位原籍福建龙溪县的华侨,他们向官府承认自己在国外分别是"卖茶""种田""种园"之人,闽浙总督高其倬立即将此事奏报朝廷,请示如何发落。雍正帝批复:"毋即信以为真,宁可再加察访……饬令属员徐徐设法诱问,务悉其底里","准安插原籍,但须留心察访其情形耳。"乾隆四十年(1775),从安南铅厂逃回2000余名原籍广东嘉应州的华侨,清政府害怕他们集聚一起滋事,于是将这些人分为三等,分别安插在新疆伊犁、乌鲁木齐、江苏、安徽、浙江等地,令地方官严加管束。

对于原在海外为当地政府做事的归侨,清廷更是处置甚严。如,原籍福建龙溪的陈怡老,在噶喇吧做过甲必丹的助理雷珍兰,于乾隆十四年(1749)携带家眷回中国。乾隆帝得到福建官员的奏报后,下令"严加惩治,货物入官",原因是陈怡老并非贸易良民。对于归侨缺乏应有的信任感,使那些在海外饱经沧桑、期望叶落归根的华侨也视归国为畏途。清政府对于归国华侨不是真诚的欢迎,而是猜忌重重,反映了其仇视华侨的本质。

3. 对海外华侨的防范与漠视

清代前期,政府对于海外华侨的活动主要有两种态度;一是加意防范,预为措置;一是视之为弃民,漠视华侨。

首先,政府认为华侨多系奸民,海外华侨社会"为盗之利薮",于是想方设法破坏华侨社会。主要手法有:其一,诏谕华侨回国。雍正时,朝廷获悉吕宋、噶喇吧等地有华侨数万人,闽浙总督高其倬建议派干练之人,充作商人前往二地,了解详细情况,并"因时制宜,或设法诱回，或颁示晓谕，令其自回"。乾隆初年，对于逾期不归而又偷渡私回者，一经拿获，即行请旨正法。其二，行文外国解回华侨。清政府多次行文越南、暹罗等国，令对方将华侨解送回国惩处。其三，破坏华侨居住区。

其次，视华侨为弃民，听任西方殖民者迫害华侨。清政府对待"红溪惨案"的态度无疑可以集中反映这一点。1740年，荷兰殖民者在巴城杀害华侨近万名。署福建总督策楞将此事奏报朝廷。许多地方大臣认为，"事属可伤，实则孽由自作"，这些华侨"自弃王化，皆干严谴"，将成千上万华侨被屠杀漠然处之，甚至还不无得意。华侨在外国土生，"与番民无异"，因此死了"揆之国体，实无大伤"。最后，朝廷既不出师问罪，也不移文声讨，甚至认为这些华侨是"在天朝本应正法之人"，乾隆帝说："莠民不惜背弃祖宗庐墓，出洋谋利，朝廷概不闻问。"仍准与荷兰殖民者通商贸易。荷兰殖民者得知清廷态度之后大喜过望，对华侨的残酷统治有增无减。

■ 1860年以后的华侨政策及有关侨务机构

鸦片战争打开了清朝闭锁的大门，中国逐渐沦为半封建半殖民地社会。由于西方列强对廉价中国劳力的大量需求，以及中国政府对海外华侨的新认识，使清政府的华侨政策有了重大的转变，即从过去的禁止华侨出国、视华侨为弃民的政策演变为保护华侨的政策，并且设置了兼管侨民事务的机构。这种变化具体表现在：

1. 华工出国合法化

第一次鸦片战争后，各通商口岸的外国洋行与领事互相勾结，开设招工馆，以掠贩华工。1856年英法联军发动了第二次鸦片战争，1858年初在广州正式成立了联军统领衙门，首先在广州使华工有组织

▲ 英法联军攻占北京

地合法出国。1859年广东巡抚接受英国的要求，允许在广东设立招工局，从而确立了一种新型的招工制度。并且，为了使该制度充分发挥作用，使与招工出洋有利益关系的各国都获得益处，联军统领衙门和广东官府对招工机构、招工过程进行共同监督与管理。首先，双方订出有关章程规则，对招工局的申请条件、招工范围、招工局的内部管理和应招者的福利待遇作出规定。其次，设立管理招工税务司，由英、法人各一名、华人一名或数名组成，在招工局进行监督。该机构拥有封闭招工局，对招工局及其招工人员进行处罚，以及制定新招工章程的权力。再次，英法联军与广东官府联合采取行动。一方面由联军照会各国领事，要求遵守新定章程；另一方面由两广总督传谕各州县，言明招工出洋已合法化，与拐贩"猪仔"完全不同，同时宣布新的招工制度适用于其他国家，但是，各国来华招募劳工，必须与中国地方官议定章程，对招工事宜严加监督，否则不准招募。不过，此时广东地方政府允许英、法等国在广州招工，是英法联军强迫下的产物，并非清朝国策。

1860年英法联军攻占北京，逼使清政府签订了《北京条约》，其中第五款规定："凡有华民情甘出口，或在英（法）国所属各处，或在外洋别地承工，俱将与英（法）民立约为凭，无论单身或愿携带家，一并赴通商各口，下英（法）船只，毫无禁止。"这标志着清政府全面放弃了禁止华侨出国的政策,广东地区的华工出国合法化进而推广到了全国。从此,华侨出国无禁,清政府与华侨之间的关系也有了新的内容。

2. "保护"华侨的政策

随着华工出国的合法化,海外华侨的数量有了迅猛的增长,清朝的外交也卷入了世界变化的局势之中,清政府对于华侨的认识有了新的变化。首先,清政府看到了华侨的经济力量,欲利用它为振兴商务、巩固海防服务。1866年,广东巡抚蒋益澧首先建议朝廷应效仿西方以商护国、以官护商的经济方针,对海外华商加以保护、利用。19世纪70年代福建巡抚王凯、江苏布政使丁日昌等均提出了同样的建议。其中丁日昌主张在海外设立领事,联络当地侨领,以开展侨务工作。其次,清政府认为华侨、华工都是清朝的子民,应当加以保护。同时,海外华侨也希望清政府能保护他们。清政府意识到要想利用海外华侨的经济力量,就必须保护他们,而当务之急是保护华工。

保护华工是晚清华侨政策的一个重要组成部分。由于华工大量出国,一方面奸叛之徒横行,另一方面常引起中外纠纷,国内民众激愤之情日增;19世纪七八十年代各国排华风潮日起,倘若数十万华工骤然回国,势必引起国内新的混乱;同时,当华工有难之时,如果清朝坐视不救,也必然使海外华侨对清朝失去内向之心。因此,保护华工还具有稳定清朝地方统治,平息中外争端的作用。对华工的保护表现在两方面:

其一,禁止诱拐、掳掠华工出洋。诱拐、掳掠华工历来被政府视为非法,但是由于利之所在,往往屡禁不止。1865年清政府与英、法驻京使臣议定了招工章程22条,其中规定:严禁拐贩人口,违者处死;招工的商人需由中国地方官核查,发给印牒方许招工,承工年限不超

▲ 郑藻如像

过五年。该章程未获英、法政府同意，清政府单方面宣布施行。广东、福建等地方政府遵此处理诱拐、掳掠华工案件。1884年张之洞出任两广总督，他主张对于拐骗华民出洋之人，不分首从，处斩立决，不需报部审明。由于清政府的这一重典防范措施，使掠卖华工的现象有所减少，华工出国趋于制度化。合法出国的华工与被掠卖出国的华工相比，其境遇有一定的改善。

其二，通过外交手段保护华工。古巴、秘鲁、美国三大华工交涉案是其反映。1865年的《招工二十二款》就是清政府首次关注华工利益的表现。但当清朝与英、法、美明禁贩运"猪仔"之后，西班牙和秘鲁转而以澳门为基地，进行更为猖獗的贩卖华工活动。古巴招工，"视为蓄奴，一切惨毒情形不胜枚举。"清朝派出刑部主事陈兰彬到古巴查访华工事务，通过取证，证明古巴华工十之八九系由中国拐骗而至，而且其待遇有如奴隶。事实公布后，西班牙被迫与清政府就古巴华工问题进行谈判。1877年，中、西两国签订《中西古巴华工条款》，对保护古巴华工作了详细的规定。根据条约，西班牙在古巴的殖民政府发给4312名华工满身纸。1879年，清朝驻古巴总领事刘亮源到任，1880年清朝使臣陈兰彬也两次抵达古巴，与古巴当局订立优待华人章程，帮助华工恢复自由。

1874年6月，清朝与秘鲁签订了"中秘会议专条"和"中秘通商条约十九款"，规定：中国可派员前往秘鲁查办有关华工事宜；华工可享受寓秘外国侨民的一切权利；秘鲁政府有责任督促雇主履行合同，合同期满，秘鲁政府应出资遣送华工回国等。后来，清朝又利用换约、遣专使等机会督促秘政府切实改善华工处境。

美国华工交涉案则从1867年中美《蒲安臣条约》起至1905年全球华人抵制美货运动为止，达40年之久。其间多次与美政府交涉，要求制止美国排华运动，保障华工的权利。《蒲安臣条约》规定：中国人可以自由移美，"中国人在美国亦不得因中国人民异教，稍有屈抑苛待，以昭公允。"但是，这一条约并未阻止排华风潮。清朝还利用各种机会抗议美国苛待华人。1880年《中美续修条约》规定：华工往美需限定人数年数，并非禁止前往，保护在美现有华工和他项华人；现有在美华工与他项华人听其来往自便。驻美公使郑藻如、杨儒等也积极维护华侨在美权益。如：1885年怀俄明州的石泉惨案发生后，郑藻如向美国国务卿提出正式的照会，要求美国政府惩办凶手、赔偿损失、抚恤难属。客观地说，清政府一次次的交涉对于改善华工的处境有一定的作用，但是由于清朝积贫积弱的局面而无法施加真正有力的影响。

3. 设立海外领事馆

为了护侨以及加强对海外华侨社会的控制，清政府在海外设立了领事馆。领事成了清朝华侨政策的忠实执行者。

最早设立领事馆的是新加坡。建于1877年，由当地侨领、富商胡璇泽任第一任领事，也是中国第一个驻外领事。后经中英协商，领事由中国派遣，1881年左秉隆继任新加坡领事。1890年，新加坡领事馆升为总领事馆，并在槟榔屿、仰光增设领事馆。清朝总理事务衙门（1860年设）负责各国使领馆的经费供应。新加坡领事馆建立后，尤其是左秉隆到任以后，积极关心侨民疾苦，为侨民们排忧解难，如：明令禁止贩运"猪仔"；发动海峡殖民地华人为中国灾民募捐；传播中华文化，倡导土生华人学中文。黄遵宪任领事期间（1891~1894），更是不遗余力地维护侨民利益，密切华侨与祖国的联系。

在美国设立领事馆之议始于1858年，但至1878年才在旧金山设立。1881年清朝设立檀香山领事馆，委任华商陈国芬为领事，由美国使馆出使经费项下每年拨二三千两白银作为办公费用。1883年设立纽约总领事馆，欧阳明为总领事官。驻美领事积极开展侨务活动，如：就美国的排华律和排华暴行与美国政府交涉；改组华侨社团组织，帮助建立了中华总会馆，加强华侨内部团结等等。

另外，还在日本、古巴、秘鲁设立了领事馆。1904年在墨西哥设立了分使馆，派总领事兼参赞驻扎，由使美大臣兼领。1899年、1909年分别在菲律宾、荷属印尼设立领事馆。

晚清政府共计在海外设领事馆46个。从其设置的目的来看，可以分为两类：一是照管商务，保护商民，如日本、朝鲜、俄国和新加坡等领事馆；二是直接为保护华工而设立的。这些领事馆的设立是清朝开展外交"护侨"活动的产物，对于保护华商、华工，以及吸收南洋华侨经济力量等起了积极的作用。

4. 帮助建立海外中华总商会和近代华校

20世纪初的海外中华总商会和近代华校是清政府华侨政策发展的结果。为了团结华侨社会的力量，加强华侨对祖国的认同感，创设中华总商会和华校成为必要的一步。1903年清朝成立商部，颁布了"商会简明章程"，并令清使领人员在海外华商聚集之所遵此章程设立分会。

筹建海外中华总商会主要通过两种途径：一是派遣专使，在当地使领人员的配合下督办商会。1904年清朝派太仆寺少卿张振勋到南洋考察商务，促成了槟榔屿、新加坡两个中华总商会的诞生。1907年清朝又派农工商部侍郎杨士琦出访南洋，在南越、暹罗、爪哇等地推动成立了商会或总商会。二是由当地使领人员组织，在当地华侨会馆和华人领袖的协助下成立商会，如在菲律宾、日本、美国、加拿大、墨西哥等地。在建立中华总商会的过程中，对于那些已有凌驾于各帮派社团组织之上的商务局，则只将其名改为中华总商会，换之以新章程，并报商部批准。商会的总理、协理须经清朝批准，但商会组织向当地政府注册。商会是华侨社会最大的社团组织，它一方面协调华侨社会内部的矛盾，另一方面为清朝政府所利用，成为领事馆的外围机构，同时作为中介机构沟通与祖国之间的关系。实际上，清政府的主要目的是通过领事馆控制总商会来服务于自己。

清政府还采取各种办法扶持海外华文教育。在清朝派遣的各类使节中都负有劝学使命，同时还有视学专使，在华侨社会推动设立中华学校。新加坡有劝学所，设视学员。清朝地方衙门有两广总督派出的总视学员，归广东学政管辖；中央有学部派员总理南洋学务。这些华校的教学体制也是照搬中国的。这时南洋、澳洲、北美等地的侨校基本上是为清朝所控制的。

1906年在南京开办暨南学堂是清朝重视华侨教育的重要体现。1907年，南洋总视学员、清朝学部专司行走董鸿棉送爪哇侨生31名入暨南学堂。选拔华侨子弟入国内侨校学习，对推动海外华文教育影响极大。清朝如此着力于海外华文教育，目的在于使中华文化在海外华侨社会得到保持和发扬，使华侨在文化上认同于中国。这无疑是一项颇具远见的举措。

5. 派遣专使、舰队访问海外华埠

甲午战争（1895年）以前，清政府所派的专使主要是劝捐，并引导华侨关心祖国。1883年郑观应受命前往南洋，刺探法国军情，策动华侨配合中、法战争。1886年为创建海军，张之洞派王荣和等赴南洋筹集资金。1889年江苏、安徽灾荒，两江总督派汪二尹长驻新加坡，协同领事筹办捐务。甲午战争以后，为振兴实业，大量遣使，筹集资金。1904年，商部奏请新加坡总领事、太仆寺卿张振勋，作为第一个考察海外的商务大臣。1907年清朝派农工商部左侍郎杨士琦赴南洋，宣谕朝廷保护、奖励华侨回国投资的政策，颂扬朝廷德政，号召华侨效忠。

19世纪80年代以后，清朝时常派舰巡视华埠，以保护侨民、招诱华商，显示实力，使华侨忠于清朝。首次到南洋巡历的是福建船政厂的"扬威号"战舰。南洋华侨"喜色相庆，至于感泣，以为百年未遇之光宠"。1890年、1894年北洋舰队两次大规模出巡南洋。甲午中日战争，北洋舰队覆没，直至1907年清朝才又派舰护杨士琦等前往南洋，考察商务，并且从1908年起清朝每年遣舰巡历南洋，考察商务，"上宣威德，下慰商侨"，使海外华侨备受鼓舞，大大激发了华侨民族主义情绪的高涨。

6. 华侨归国合法化，设法吸收华侨资本

随着晚清"护侨"政策的确立，华侨归国之禁也渐趋解除。1893年清廷宣布："外洋侨民，听其归里，严禁族邻讹索，胥吏侵扰。"1909年清朝颁布了根据血统主义原则制定的国籍法，明确了华侨的中国籍民身份，从而确立了保护华侨的法律依据。

清廷吸收华侨资本的主要措施有：其一，派遣使团，出洋筹款。其二，卖官鬻爵，吸引侨商。1906年清朝制定了商爵条例，分为14等，根据投资的多寡予以奖赏。如：资

▲ 张振勋像

本2000万元以上者，赏一等子爵；资本1800万元以上者，赏二等子爵；资本10万元者，也可赏给五品衔。海外华商与国内巨商并为爵赏对象。其三，外设公使领事，保护侨民，内令各省督抚，极力保护回国侨民，使之安居乐业。1899年、1900年福建、广东分别设立保商局。1904年商部奏请设立商务总会取代保商局，履行保商之责。针对地方官苛索归国华侨的现象，清廷多次下谕责成地方官对于归国华商等要切实保护，如有借端讹索者，即"按律严惩，决不宽贷"。对于回国投资者，则实行一系列优免税的政策。这些政策对于吸引侨资起到了某些作用。

知识拓展

唐通事的门第和血统

日本宫田安先生的《唐通事家系论考》是详细记述长崎华侨史的著作。唐通事有大通事、小通事、实习通事等严格的职别。此外，还有担任越南方面的东京通事。此职可作为特权而世袭，娶日本女子为妻而成入门女婿，亦可分居而形成分支。唐船入港自贞享（日本国年号）之后虽然每年以70艘、30艘、10艘的比例严格限制，但反而造成入港船只大型化。与荷兰船一起成为官准贸易双雄并立的中国船的来航深受重视，唐通事中规格高的家族作为文化人、知识界、富人而备受敬重，到了明治年间，有的唐通事家族获得士族称号。

17世纪初的通事冯六娶日本平野氏之女为妻入赘平野氏。第六代成为通事的佼佼者。原是福建漳州的医生，开始仕奉于日本岛津侯的陈冲一担任通事之后，因陈姓发祥地河南省颍川郡而以颍川为日本姓。其长子道隆成为大通事，以大施主赞助兴建福济寺，修复悟真寺，修筑目镜桥。嫡系的第二代是漳州叶氏的入赘女婿，第七代成为后来台湾总督府法院的翻译。从福州经平户到长崎的刘一水的本家和分居而形成的分支都是名门望族，以刘姓发祥地江苏彭城（日本人读作木神）为日本姓。来自福建福清县的通事俞惟和的家族也出了几名大通事。他娶日本医生何野氏之女为妻，以俞姓发祥地河间为日本姓。同样是福清县人氏的东京通事魏熹的家族亦以其发祥地河北省钜鹿为日本姓。

此外，漳州人欧阳云台家族改姓阳，绍兴人徐氏改姓东海，四川人张氏改姓清河，福州马氏改姓中山，南京人熊氏改姓神代。当然，不管是中国姓还是日本姓，既有读作林氏、吴氏的，亦有坚持按原来姓氏如周、薛、卢、郑等的家庭。这些通事的家庭分家成各个分支，到了明治时期，迁往各地，特别是各大城市，许多家庭人才辈出，成为著名的学者、医生、实业家等。

第六章
世界各地的排华运动与侨民的同化

　　华侨对于居住国的社会经济和文化发展作出了不可磨灭的贡献，然而他们都曾遭受过来自当地政府和其他种族的不同程度的打击与排斥。各种排华法案的出笼、层出不穷的暴力排华事件，给华侨的生存与发展带来了严重的影响。在历史上，美国、加拿大、澳大利亚、新西兰、印度尼西亚、菲律宾、泰国和日本等国家都有过这样或那样的排华事件，在排斥华侨这点上它们有着许多共同之处。但是，西方资本主义国家的排华与东南亚地区的排华又各自具有不同的特点，如在排华的类型、排华原因、排华规模及其对华侨的影响上都存在着差异。由于政治、经济、文化、社会风俗和种族等原因而引起的排华不是一个简单的历史现象。

第一节　美国的排华

■ 排华运动的起源及其演变

美国的排华有其深刻的政治、经济和社会等方面的原因。

首先,种族的偏见与歧视。

美国的《独立宣言》称:"人人是生而平等的",作为一种理想与信念,它成为资产阶级民主思想的渊源。然而,在实际生活中,尤其是在对待华侨这个问题上却完全舍弃了平等的辞藻,变为赤裸裸的蔑视与排斥。在信仰新教的美国白人看来,华侨属于劣等民族,不能在上帝面前享有与白种人平等的权利;美国是"美国人"的国家。这种狭隘的、落后的种族偏见在一些种族激进分子的煽动下成了当时美国人的一种较为普通的意识。另外,华侨在种族特征上的黄皮肤、操华语、留长辫、着袍服等;在生活习惯上,聚族而居,通常乐于种族内交往,闲暇消遣是赌博和抽大烟;在移民的途径上,华侨是被以"猪仔"形式而买入的,是资本主义制度下"苦力贸易"的产物。这样,具有鲜明种族特征的华工们处于社会的最低层,并渐渐形成了既保护自己而又不易于融入当地主流社会的组织或交往圈;同时,华侨被视为古怪的一群人,是来为美国人服务的文化素质低下的"下等的亚洲人"。面对着华侨而产生的陌生感往往形成了一种蔑视的习气,而随着时间的推移，种族的憎恶感与优越感也深深地渗透到制度之中。

其次，经济危机的替罪羊。

19世纪70年代以前，中国移民来美国是受欢迎的。正如美国史学家M.R.柯立芝在《中国移民》一书中所说："中国人当时受欢迎的原因不仅是他们那种无法估价的服务；美国人尊敬他们还因为他们给美国社会带来了丰富多彩而雍容华贵的异国情调。"然而，好景不长。自1869年太平洋铁路通车后，来自欧洲和美国东部的白人移民通过铁路源源不断地涌入了美国西部的矿山、工厂和农村，从而出现了劳动力过剩的现象。矿山开发与铁路建设不再需要大量的华工，而在农业、渔业、轻工业（如雪茄制造业、毛织业、服装业、靴鞋和拖鞋业等）等职业选择方面，华侨成为白人的有力竞争者。六七十年代，"到西部去！年轻人，到西部去！！"是鼓舞一代美国人的响亮口号，可是当他们抵达加州后，梦想即化为泡影，不仅难以发财，而且有随时失业的可能。不断积聚的失意与怨恨便发泄到了那些不幸的华侨身上。

"可怕的七十年代"的工业、农业和金融业的危机在加利福尼亚酝酿着尖锐的社会矛盾。1876年，由于严重干旱，麦子歉收，牲畜大量死亡，使经济危机的恶魔更紧紧地困扰着惶恐不安的人们。加州有5万~10万人失业。而1870~1875年间从中国到加州的移民超过8万，华侨约占加州人口的10%，或为加州最大的少数民族。以至有人惊呼：美国西部各地正在变成"中国的殖民地"。华侨被白人视为可怕的竞争者，自然成了困难时期的"替罪羔羊"。资产阶级政客们及其报刊把资本家压低华工工资，剥削华工们的残酷现实说成是华工以廉价劳动力来同白人劳工竞争，把经济危机时期的工资下降、工人失业等现象都归咎于华工，并利用掌握工会领导权的白人工人贵族进行挑拨，从而使最初根植于种族的与经济的排华浪潮变成了一场自下而上的有着一定社会基础的排华运动。资产阶级政客和工会是排华的两个最活跃集团。

美国的排华可以追溯到19世纪50年代华工最初大量移美时期,由此而至20世纪五六十年代美国一系列排华法案的最终废除,可以分为如下三个阶段:

第一阶段,即排华的酝酿与初起,时间为1882年以前,它又可分为1848～1869年、1870～1882年两个时期。虽然这两个时期总体而言属于华工自由移民时期,《蒲安臣条约》(1868年)确认了中美双方自由移民的原则,但排华的风浪却始终没有停息过。具体表现在:

(1)反"苦力"(华工)组织的成立。民主党在与共和党的政治斗争中,利用华人问题作为有力的武器。1852年该党的代表大会第一次正式通过了反华决议;1876年还组织了一次有2.5万人参加的反华集会。而共和党为了改变在竞选中的劣势转而制定了更激烈的反华纲领。这时成立的反华组织有:1876年的加州联合兄弟会、旧金山反华联盟以及1877年的加州工人党。这标志着政党与民间组织开始有组织、有计划地进行反华。

(2)地方性的反华立法。如:1852年不准华人在福斯特、哥伦比亚等地开矿;1855年规定,凡属不能归化之人,须每人缴纳50元人头税;1860年不准华人子女入公立学校就读,华人不能入市立医院就医;1870年旧金山禁止雇用华人担任市政工作,严禁华人肩挑负贩蔬菜;1873～1875年旧金山通过多种条例,反对使用爆竹、中式锣鼓等;1875年《旧金山反辫法》规定,被捕华人一律剪辫;1880年的《旧金山反熨条例》旨在关闭华人夜间洗衣店。

(3)加州的反华立法与法院判决。如:1850年的《外籍矿工税则》旨在使华工离开矿区;1852年的《保金法案》规定凡新抵埠的华人须

▲ 百年前的漫画

缴500元保金；1854年，加州最高法院判定：华人不得在法庭上作证和反对白人；1858年的《进一步防止华人和蒙古利安人移民法案》禁止华人入境；1870年禁止华人在加州拥有土地；1875年法律规定华人捕虾网眼的大小，以减少收获；1879年加州宪法禁止公司和市府机构雇用华人，并授权各市将华人居民从其辖区迁往指定地区；1880年的《捕鱼法案》禁止华人从事任何捕鱼行业，《防止发给外国人执照法案》剥夺华人获取商业或职业执照的权利。1882年加州议会宣布法定假日，以便公众举行反华示威，等等。

由此不难看出，1882年以前的加州已逐渐成了一个排华的中心，以后演化为全国性的排华；排华的因素从经济的、种族的扩大为文化、宗教、道德和政治等更多的方面，使种族矛盾愈益尖锐；华人所在的市、州已有了一系列旨在排挤中国人的法律与判决；19世纪70年代排华日趋高涨。1882年以前虽然华人可以自由入美，但是，种族的不平等、偏见与歧视则是华人来美后所受待遇的主导方面。

此外的两个阶段为：（1）《排华法案》的通过与实施阶段（约1882～1943年），其特点是全面排华，禁止华人入美。（2）限制华人阶段（约1943～1965年），这时虽然废除了《排华法案》，美国华人可以更多地参与当地政治、经济、文化生活。然而，一方面华人来美有"配额"及"非配额"两种形式，数量却甚微。1944～1965年在"配额"下入美的华人有5891名，每年仅105人；另一方面，美国社会对华人的种族歧视阴霾并未彻底扫除。在配额制度下，中国人是以种族来称呼的，而非指国家，这无疑有对华人羞辱的成分。

暴力排华事件

美国的排华始于加州，而加州的排华则发端于矿区。1882年以前的排华实际上涉及华人活动的各个方面，从法律、社会生活乃至生存权利上对华人加以限制与打击。排华思潮的甚嚣尘上更助长了一幕幕触目惊心的暴力排华惨剧的发生。

仅在加州矿区就有许多华侨被驱逐、劫掠和杀害。在1855年和1862年，有百余名华工被杀。由于加利福尼亚高等法院剥夺了华侨出庭作证的权利，使被害者有冤难诉，凶手逍遥法外。1858～1859年，加利福尼亚北部矿区发生了白人矿工用暴力驱赶华工事件。

1867～1876年间，排华渐渐从矿区扩大到整个加州。白人暴徒"专向华人，始犹欺辱寻仇，近且扰及寓庐，潜行劫掠，逼勒雇主，不准客留，而又设誓联盟，敛赀谣煽，欲使通国附和尽逐华人而后已"。散于矿区、农村的华人被迫退缩到旧金山唐人街，寻求保护，这不仅使旧金山华侨居住区拥挤不堪、失业更加严重，而且使这里成为种族主义者打劫的中心。1878年，在杜洛基有1000多中国人被暴力驱逐出外，居所被焚掠。对于旧金山华侨而言，1877年可以说是最恐怖的一年。该市市长威廉·艾文在一次大型群众集会上公然号召将所有的中国人从加州赶出去，而所谓反苦力俱乐部则充当了骚扰、

▲ 1887年圣荷西市"排华事件"

侮辱华侨的走卒。这年7月23日有"暴动夜"之称。在此后的3天，暴徒们将整个华埠紧紧包围，近30家华人洗衣店被毁。后来在军警的干预下才避免了事态的进一步恶化。但排华恶浪并未停止，一位名叫丹尼斯·坚尼的爱尔兰移民，纠集一些无赖与失业工人举行集会，号召排华，并组织了一个以此为目的的加利福尼亚工人党，叫嚣要以非常手段来毁灭华埠。

旧金山之外，19世纪七八十年代在洛杉矶、丹佛、怀俄明州、塔科马和西雅图等地也相继上演了暴力排华的悲剧。

1871年10月，在洛杉矶有22名华侨被白人暴徒杀害。1880年10月，3名白人无故聚殴一华侨，随即有数千暴徒向华侨攻击。1882年《排华法案》通过后，排华即扩展到全国。怀俄明州的石泉大惨案即是突出一例。1885年9月1日，由于华工不参加石泉煤矿白人矿工发动的罢工，双方发生冲突，白人矿工手持火枪，攻击石泉村的华侨，见人就杀，逢屋便烧，致使28名华工男女被杀，500名华人被赶出市外，79间房屋被烧，财产损失达15万美元。同年，加州尤利加市全体华侨

被逐出市外；在阿拉斯加，失业白人用火药爆杀华工，至 1886 年该州华侨逃走一空；在华盛顿州西雅图与塔科马市，唐人街被毁，所有华侨被逐；1886 年加州堪布特郡全体华侨被逐；1887 年加州圣荷西市唐人街被焚，等等，暴力排华几乎从未间歇过。

可见，暴力排华具有如下几种特点：（1）在范围上，由加利福尼亚扩大到科罗拉多、怀俄明、华盛顿、爱达荷，甚至阿拉斯加和夏威夷等州和领地，凡有华侨之处均有不同程度的暴力排华。（2）在事件规模上，由小到大，武力驱赶、暴力屠杀，草菅人命，无法无天，使华侨的生命和财产蒙受了巨大损失。（3）由于政党、民间组织直至政府的公然排华不仅使反华暴徒气焰嚣张、手段残忍，暴徒逃避制裁，而且当这种排华得到了权力集团的支持后，使排华具有美国政府排斥华侨、白人排斥黄种人和劳动者内部（白种工人对华工）的排斥等多种性质。排华给华人少数种族集团的存续蒙上了巨大的阴影。

1882 年《排华法案》

1882 年美国国会通过了美国历史上危害最久、臭名昭著的全国性《排华法案》。它的炮制与出笼是有其必然性的。首先，排华已成为白人的一种普遍意识。1852 年、1854 年两次担任加州州长的约翰·毕加勒首倡反华，建议州政府行使课税的权力以制止亚洲移民任意进入本州，要求国会通过禁止契约苦力到加州的法令。州议会成立了一个五人委员会来考虑他的建议。其次，加州的排华为美国的全面排华提供了一个样板，无论是从舆论准备，还是从党团参与，或是在排斥的形式上，莫不如此。仅 1850～1869 年间加州当局通过的歧视和排斥华侨的立法就有 9 项。再次，政党的排华。先是民主党，后是共和党，利用排华大做文章。1876 年，民主党加州总部通过决议，要求总统修改《蒲安臣条约》以限制中国移民。州参议院成立了调查小组，调查中国移民的社会、道德和政治影响问题，其报告书以备忘录形式呈交美国国会。同年，由排华分子操纵的美国国会联合调查委员会，对西岸中国人入境问题进行调查，曲意提供严重损害华人形象的"事实"。1879年国会通过了"十五名旅客"案，规定任何船只不准从中国运载15名以上的中国人来美。该议案虽被总统否决，但在华盛顿因此掀起了一阵排华旋风。

1881年中美《规定华人移民美国的条约》(即《续修条约》)的签订，标志着所谓"自由移民"时期的终结。条约第一款（中文本）规定："大清国、大美国共同商定，如有时大美国查华工前往美国，或在各处居住，实于美国之益有所妨碍，或与美国内及美国一处地方之平安有所妨碍，大清国准大美国可以或为整理、或定人数、年数之限，并非禁止前往。"但英文本这句话却为："中国政府同意美国政府可以整理、限制或暂停（中国移民的）入境与居住，但不得绝对禁止。"因此，尽管条约中有"优待"之类辞句，却成了美国政府进行排华的"合法"依据。正是在这种形势下，1882年美国第47届国会通过了"排华法案"，成为美国历史上第一个禁止华人移民入境的法令。

▲ 1882年美国的《排华法案》漫画

该法令有十五款，主要内容有：（1）停止华工入美10年。（2）1880年11月17日以前已经在美国居留并获得海关证明文件的华工，暂时出境后，准予重入美国；本法令通过后90天内来美的华工不在禁止之列。（3）任何伪造身份者处以1000美元以内罚款，或是不超过5年的监禁。（4）未持有适当执照进入美国的华侨将被遣送回原处。（5）州和联邦法院均不得准许华侨归化为美国公民，与本法相抵触的所有法律一律作废。（6）从外国将华工运入美国的船只，每运1名华工，船主处以不超过500美元的罚款和不超过1年的监禁。

该法案一颁布，即带来严重的不良影响。联邦政府执行的这一排华法使排华变成全国性的合法行为，入美华侨人数锐减，许多华侨被迫离境。据计，1882年中国移民美国的人数为39574人，1883年为8031人，1884年为292人，1885年为22人，1887年为10人，从而达到了反华分子阻止华人入美的目的。而这一法令仅仅是美国政府排华的开始，1882~1919年间，美国国会共通过了多达15项的排华法令。加拿大、澳大利亚和新西兰等地竞相效仿，纷纷颁布排华法，使排华恶浪推向世界。请看如下事实：

美国1884年的《修正法案》规定，禁止包括来自任何外国港口的华工入境，华侨小贩、菜贩和渔贩不许入境。1888年的《斯葛特法案》禁止政府雇员、教师、学生、商人和旅游者之外的任何华人入境；已回中国的华侨（即使是暂时离美）不许重新入美；以前发给的回美执照作废。1892年的《吉里法案》规定，除外交官及其随行人员以外，中国人都不得入境或重返美国；对于运载1名华工入境的船主，处以1000美元罚款或1年的监禁，船只充公；居住在美的中国人须在1年内注册，领取居住证，违者判刑1年，然后驱逐出境。这使得1893年限期到时将有80%（约8.5万）的人面临着被监禁或驱逐。迫于压力，国会通过了"麦克里里修正案",将限制延长半年。1894年,美国强迫清政府签订限禁华工条约,重新规定10年内绝对禁止华工入美,除非在美已合法登记并留有父母、妻子、儿女或在美拥有1000美元以上财产。1902年,国会制定法案,规定无限期延长以往美国通过的一切排华法案,并将其扩大应用于美国的属岛。1882年5月至1903年7月间,针对华人的所谓"禁例"由15项增加到61项。

此后,1904年、1911年、1912年和1919年又多次通过了排华补充法案,其要点为:禁止华人入境;不论粗工或细工均不准入口;规定排华法令永久适用,并扩展到夏威夷和菲律宾;即使持有来回证明的华工也禁止返美。这些排华法一次比一次苛刻,其目的不仅在于禁止中国人移民入美,而且是要限制美国华侨的发展。美国国会还授权移民局制定了种种侮辱性的对待华侨入境的措施。旧金山天使岛拘留所成了中国移民的牢笼,"其湫隘狼藉,甚于狴犴"。1910～1940年间约有30万中国移民被拘留于此。中国人最基本的人格也被践踏了。至1920年美国华侨人数由一度高达15万人降至6.2万人。

■ 华侨的反排华斗争与排华法的废除

美国从民间到政府的种种排华借口多是站不住脚的。所谓华人是劣等民族,"华人给美国带来奴隶制""华人不能同比""华工与白种工人竞争"等,都是十足的种族主义论调,不值一驳。当然,正如有人认为的那样:"大抵禁例之来,起于美国人之强权者半,起于吾国之自招者半。其美国之部分,由于相好者半,由于相厌者也半。其中国人之部分,由于政府漠视者半,由于侨民不自爱者也半。"不管怎样,排华给华侨带来的只是灾难与耻辱。从当时的排华立法类型来看,一种是包括州和联邦限制或排斥中国移民美国的立法,一种是旨在职业上消灭华人的立法，一种是含有惩罚或困扰目的的立法。面对着大大小小、多种多样的排华立法、排华暴乱和排华思潮等，华侨进行了不懈的斗争。

美国华侨的斗争虽有自发性的，但主要形式还是通过华侨团体进行抗诉。从19世纪50年代起排华事件出现时，侨团就进行谴责。70年代，排华暴乱迭起，尤其是坚尼骚乱时期，"没有一个华人的生命和财产是安全的"。中华会馆号召全体华侨、华人奋力自卫，保护合法权益和财产，不论男女老少，要战斗到最后一个人，流尽最后一滴血。同时还要求美国政府负起保护中国侨民的条约义务。1892年吉里法案通过后，中华会馆向美国最高法院申诉，并通知全体华侨拒绝按该排华法注册、领证。旧金山华埠成了保护华侨的堡垒。这种不懈的抗争是20世纪40年代排华法废除的重要原因。

19世纪晚期中国政府也曾对华人移民来美、美国华侨的悲惨遭遇等问题与美国政府进行过交涉。1878年《蒲安臣条约》的签订规定了中美自由移民的原则。1868年中国设驻华盛顿公使、驻旧金山总领事；1883年设驻纽约总领事。他们曾对一些重大的排华事件向美国政府提出交涉。1885年石泉惨案发生后，中国驻美公使郑藻如向美国政

▲ 黄遵宪像

府提出抗议，要求赔偿损失，严惩凶手。两年后，美国政府赔偿被害华人 14 万美元损失。此后，1882～1884 年间旧金山总领事黄遵宪、1901 年驻美公使伍廷芳等均对美国排华法提出抗议，力所能及地保护侨民。然而，中国政府的这种交涉或抗议由于自身的原因而显得苍白无力。相反，中国国内人民对美国华侨给予了有力的支持。1905 年中美续订禁约之时，上海商务总会通电全国 21 处商埠，一致反对签订续约，进行抵制美货运动，使美国总统西奥多·罗斯福不得不命令商务劳工部对移民局歧视中国人的行为进行纠正。

1943 年 12 月，富兰克林·德拉诺·罗斯福总统终于签署了由国会参众两院通过的"废除排华律，规定移民配额及其他事项的法令"，从而使 1882 年以来美国政府所推行的一系列排华法律正式废除。这一法令成为美国华侨华人历史的又一重大转折点。排华律的废除，究其原因主要有：（1）20 世纪 40 年代中国赢得了抗日战争的胜利，并取得了与美、英、苏并立的四大国的国际地位。（2）第二次世界大战中，中美盟友关系的建立，美国继续排华有损于自身的国际形象。（3）美国华侨状况的变化，如人数较少（1940 年仅 7 万人），主要从事洗衣、餐馆和杂货业，华侨中产阶级和知识分子人数增多，土生华人日多并趋于"美国化"，这些有利于华侨自身地位与形象的改变。（4）美国舆论的反排华趋向，原力主排华的美国劳工联合会、美国远征军人会加州分会等组织在报界纷纷要求废除排华律。（5）美国华侨与中国政府的努力。富兰克林·德拉诺·罗斯福总统说："这一立法（指废除排华法）对于打赢这场战争和建立巩固和平的事业是重要的；""我们要有足够的勇气承认过去的错误，并加以改正。"应该说，这是难能可贵的。

废除排华法法令共有 3 条：（1）废除 1882 年以来所有的排华律

及其他法律有关排斥华人移民的条款。(2)给予华人每年105人的移民配额。(3)允许华人和华商加入美国国籍,成为美国公民。此后,美国可以正式接受华人移民,美国华侨社会开始向华人社会转变,华人的政治、经济地位有了很大提高。虽然20世纪40年代以后种族歧视与偏见未能根本消除,但大规模的以政府立法而排华的时代已成为过去,美国华人发展的一个新时代毕竟开始了。

第二节 加拿大的排华

1885年以前的地方性排华

1858年，首批华工从美国西部到达不列颠哥伦比亚省，那时候华人不受法律上的限制自由移民，直到1885年加拿大联邦政府通过征收华工人头税的法案为止，华人出入加拿大开始未受到法律限制。但是，自由移民期间也受到了种族与地方政府的排斥。这是因为：

（1）加拿大早期资本主义发展过程中的大量劳动力的需求，特别是金矿的开采，1880～1885年横贯北美大陆的太平洋铁路的修筑，以吃苦耐劳著称的华工正好缓解了这一劳动力市场的紧张。（2）从雇主角度而言，通过剥削华人的政治权利和公民权，便基本上限制了华人讨价还价的能力，并且永远使其处于的弱者地位。（3）华人被视为一个不可同化的劣等种族。这样，一旦这种劳动力市场的需求降低时，华人

▲ 早期华工

就自然被毫不留情地排斥。与美国华工一样,这些主要来自珠江三角洲的破产农民和小手工业者,他们所持有的牢固的中国文化观和中国生活方式,加之以"赊单"方式招去的被视为"会说话的机器"的劳工地位,也是他们遭到白人种族排斥的重要因素。

华工受歧视和被损害的事件,在他们进入加拿大淘金不久即时常发生。然而,在1811年以前,排华基本上属于自发性质,煽动反华的主要是一些殖民主义者的报刊和政客。

1858年由两个美国加利福尼亚人主办的《维多利亚公报》报道了美国的排华情形,并呼吁禁止华人妇女来温哥华和不列颠哥伦比亚。在1860~1869年间,时有辱杀华工的事件发生。华工的采金地段、商店、房屋等常遭洗劫。1871~1885年间,排华渐趋有组织性,而且开始在地方进行立法限制。1871年纳奈莫区议员阿瑟·邦斯特在不列颠哥伦比亚立法会议上,提出了一个对从事任何职业的华人一律征收每人每年50元人头税的议案。两年后,加拿大成立了第一个"反华社",要求议会修改允许华人移民法案,撤销给载运华工入境船只以补助,以限制华人移民。从这时起,反华气焰日趋高涨,表现在:

(1)报刊上的排华宣传连篇累牍,尤其是《英国殖民者报》更是疯狂至极,他们辱骂华人,坚决不许"华人有选举的公民权,不论是市的,或国会的选举"。

(2)省市议会旨在限制华人的立法活动在加紧进行。1875年维多利亚市通过议案,不准在市政工作中雇用华人。省议会通过《选民资格和登记法》,取消所有华人的选举权,违者罚款50元或监禁一个月。1878年省议会通过了一项实质上是向华人征收人头税的法令,即凡年满12岁的华人必须每三个月领取一次居留许可证,每证收费10元;没有许可证的人不准被雇用,违者,雇主与被雇者均被罚款100元;

凡不愿或无力付款领取执照者,罚在公共道路或其他公共工程中劳动,每天工资为5角。这一税法遭到了华人一致有力的抵抗。维多利亚华商在给总督的申诉书中提出了三点反对理由:其一,该税法适用于12岁的华人,而他省则为年满18岁的居民才缴纳;其二,该税法不是按纳税能力征收,而是贫富交纳对等税款;其三,该税法只适用于华人,但华人中有许多是英属子民。为此加拿大华商进行了为期五天的罢市。

(3)地方反华派向联邦政府怂恿排华立法。联邦政府专门组织了一个特别委员会进行调查。委员会向政府提出了一份恶毒排华的报告,并要求通过立法。

(4)反华工协会的成立。1878年维多利亚成立了"工人保卫协会",后改为"排华会",制造了一系列排华事件。

到了80年代,暴力排华事件增加。不列颠哥伦比亚制定了三项极端排华法案:制止华人获得公有土地的法令;制止华人移民的法令;管制华人法令。虽然这些法案最后为联邦总督所否决,但这种排华声浪预示着华人将必不可免地遭到排斥。

■ 华工重税政策

1885年太平洋铁路建成以后,联邦议会即通过了限制华人移民法案,开始征收歧视华人的人头税。至1923年的"四三苛例",这一期间加拿大政府对华人移民采取了限制政策,但由于依然存在经济的大规模发展对劳动力的需求,华工的移入有助于补充紧缺的劳动力的不足,因此政府并没有全然关闭华工移入的大门。

1885年6月,联邦众议院通过了限制与管制华人移民条例修正案,规定:凡进入加拿大的华人在进口的港口或其他进入地点需缴人头税50元;载运华人到加拿大的船只每载重500吨只能接载一个华

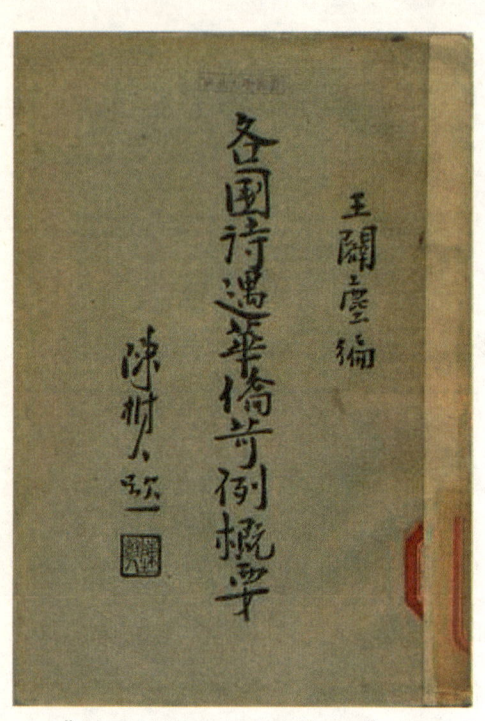

▲《各国待遇华侨苛例概要》书影

人;华人人头税在上岸前由船长交给港口管制员,违者或作弊者罚款500~1000元;外交官、旅游者、科学人员、学生和商人例外。这是加拿大政府的第一个限制华人政策。该法令助长了排华分子的气焰,使华人移民数大减。1886年入境华人有212名,出境华人有829人。从1886~1890年,加拿大华人每年净减500人以上。

此后,加拿大多次增加华人人头税。1900年自治联邦政府在反华最烈的不列颠哥伦比亚省的压力下通过了华人移民新条例,规定从1901年1月1日起,华人的人头税增至每人100元。1903年又将人头税升至500元,只有经证实的商人及其家属、外交人员、传教士、旅游者、学生和科学家除外。以华工平均每月40元工资计算,500元即等于12个半月的工资。从1886年起至1923年禁止华工进入加拿大时止,加拿大政府的这项人头税收入达2300万元。1904~1906年间来加的移民人数极少。但自1907年起,由于中国国内战争频仍,漂洋谋生者日多,以及华人或以学生身份,或冒名已回国的美、加华侨重返,使来加拿大的人数又有增加。

1885~1923年间,加拿大排华还有两个显著特点:(1)反华的中心由维多利亚市移到海港城市温哥华。1886年温哥华约有3000名华人,白种工人的"劳工骑士"组织举行集会,反对雇用华工,并恐吓华人须在次年1月15日离开该市,否则予以驱逐。1896年,该市还成立了"反蒙古人协会",进行有组织、有计划的排华。1901年,不列颠哥伦比亚省议会通过了"出生条例",规定新移民要通过语言考试,不懂英语者不准入境。9月,"排除亚洲人协会"在市政厅举行有5000人参加的反亚洲人集会,他们狂呼"加拿大是白人的",捣毁华埠商店,劫掠财物,殴打华人,警察置之不理。(2)教育上的种族歧视。20世纪初,随着华侨新生一代的成长,入公立学校的华人儿童逐渐增多。一些种族分子借口华人儿童入学年龄过大,会给白人儿童"带来不道德"的影响,主张黄、白分校教育。至1908年,省教育部颁布了不准华人学童(含土生学童)入公立学校的法令。1922年,维多利亚学校当局竟将华童放在隔离的场所,其校舍被称为"鸡屋"。

■《中国移民法案》及其影响

1923～1947年间是加拿大禁止华人移民时期。从实行华人人头税政策到禁止华人移民政策的转变,是有其深刻的社会原因的。一方面,从1885年起,加拿大在排华程度上虽然不如美国,但它同样坚持排斥与歧视华人的政策,排华成为一种趋势;另一方面,第一次世界大战后,经济萧条,大量退伍军人失业,他们主张完全禁止亚洲人入境,而由于美国也以"配额移民"遏制欧洲移民,致使大量欧洲人涌入加拿大,华人作为劳动力自然受到排斥。同时,过去许多华工已开始经营杂货店、餐馆、洗衣馆、做小贩或从事工农业生产,对白人商店、农场"构成竞争"。正因如此,1923年6月30日,加拿大联邦议会通过了禁止华人入境的《中国移民法案》,于7月1日公布实施。

该法案共43条,加拿大华侨称之为"四三苛例",或称之为"禁止华人入境法案"。主要内容有:

(1)中国或具有中国血统的人,以后不许以移民身份进入加拿大。

中国的外交官、商人、留学生和在加出生到中国受教育数年回来的人除外。

（2）华人一律不准携妻室子女或父母兄弟姐妹来加。

（3）取消人头税，但以前以商人护照来加经商的华人或以商人子女身份来加读书的华人，要补交税金500元。

（4）现居加拿大的华人，离境以两年为限，逾期不准返回加拿大。

（5）所有华人均要在1924年6月20日以前向移民局登记，否则递解出境。

（6）重返加拿大的华人，以温哥华为入境口岸，轮船载运华人只准250吨载重量接载一人。

为严防华人入境，此外又颁布了两项法令，一是1930年9月30日的2115号令，规定旅加华人如欲申请配偶及18岁以下未婚子女来加，其本人必须先行加入加拿大籍；二是1931年6月17日颁布的1378号令，规定旅加华人如欲入加籍，必须先请中国政府批准脱离中国籍，并在加拿大报纸上登载声明。由于当时中国政府国籍法采取血统主义原则，对要求脱籍的申请置之不顾，以及华人强烈的中国价值取向特点，这两项法令实际上并未为华人移居加拿大开启关闭之门。

"四三苛例"被加拿大华侨视为一种耻辱，1924年维多利亚华侨社团将7月1日定为"侨耻纪念日"。全加华侨成立了"全加华侨驳例总局"，向联邦议会提出抗议书，对苛例进行逐条批驳。1927年温哥华华人社团发出"关于华人移民条例给加拿大公民的呼吁书"。华人斗争的直接目的是：废除"四三苛例"，争取华人的加拿大公民权以及社会平等的地位。"四三苛例"使得华人移民数锐减，在这黑暗的24年里只有20余名华人进入加境；同时，加入加拿大籍的华人数量增多，据计，此前入籍华人有2055人，此后有6794人；华人社区与社团有了新的变化。

　　至 20 世纪 40 年代,"四三苛例"作为种族歧视的本质以及它对加拿大政治经济和多元文化发展的不利影响已为越来越多的人所认识,尤其是华人身处逆境而不退缩的精神,更得到了加拿大一些有识之士的称许。加之,华侨不懈的斗争,中国政府在国际事务中地位的提高,等等,都使废除"苛例"显得愈益急迫。1943 年,美国废除了排华法,加拿大政府也不得不考虑本国的政策。同年 7 月,联邦总理麦肯齐·金在联邦众议院中承认加拿大的中国移民政策是错误的,需要加以纠正。1946 年,争取废除华人移民法委员会成立,随即向政府各部委员陈说,并向华人团体和白人团体领袖发函,获得了较广泛的支持。该委员会提出了九点废除"四三苛例"的理由,它包括:(1)该法令与联合国宪章相抵触,而加拿大是该宪章的签字国之一。(2)该法令是干扰加中友好关系的"最大的一个"原因。(3)它是两国之间发展贸易的"主要障碍"。(4)它阻止了加拿大的大多数华人过正常的家庭生活,因

▲ 麦肯齐·金像

而违背"一切人道的、道德的和社会福利的原则"。（5）它违反了加拿大民主政治的原则。（6）加拿大是目前唯一专门有一项华人移民法的北美国家。（7）平民合作联盟与进步保守党支持废除该法令，等等。

　　1947年5月4日，加拿大政府终于废除了1923年的"中国移民法案"和1931年的1378号内阁令。这样，华人只受2115号内阁令的约束，即华人可以入籍，入籍后可以申请配偶和18岁以下的未婚子女进入加拿大。这使加拿大华侨进入了一个较宽松的发展时期。"这是华人社区和支持他们的白人的一场巨大的、象征性的胜利；但还没有达到平等对待。"麦肯齐·金总理在宣布废除上述两项法令时声明：向加拿大移民是一种优惠，而非一种权利；加拿大同各国一样，有权限制移民入境；政府将慎重选择那些有利于融入我们国家经济的移民长期定居。实际上，华人移民们受到一定的限制，华人争取选举权的任务也很艰巨。直至1962年新移民条例的颁布，加拿大政府才首次公开声明废除人种、肤色和国籍的"默契歧视"；1967年的新移民条例进一步强调了这点。从这时起，华人在法律上与其他民族的移民一样受到平等的制约和保护，才开辟了华人在加拿大社会发展的一个新时代。

第三节　澳大利亚和新西兰的排华

早期澳大利亚对华侨的限制

澳大利亚在1901年独立之前，分为许多块英属殖民领地。为了补充早期这里开发在劳动力上的不足，特别是为了开采金矿，许多华人来到了"新金山"（华侨对墨尔本的称呼）。如维多利亚金矿的华人，在1854年有2341人，而1859年即达42000名。但在华人数量增加的同时，白人不满的情绪也在积聚。

1854年，本迪戈的白人闹事，试图将华人全部赶出金矿场。1855年，政府组织了"金矿场皇家委员会"进行调查。该委员会在最后提出的报告书中建议限制华人人口。同年6月，维多利亚议会通过了一项法案，旨在限制华人移民。它规定：凡自中国抵达墨尔本的船只，每10吨位仅接载华工1名，并对每名华工征收入境税（人头税）10英镑，由船主交纳；超过限数而入境的华工每名罚款20英镑。这一规定便成了19世纪下半叶在澳洲各地排华法令的蓝本。从维多利亚开始，澳洲各地州政府对华人移入的排斥接踵而至。1857年，维多利亚的巴兰河发生了严重的暴力排华事件，2000余名华人遭到了白人的抢劫与驱逐，750个帐篷被毁，许多华工或死或伤。

很快，南澳大利亚、新南威尔士相继通过限制华人移民法案。

1860年12月，新南威尔士州的蓝滨滩爆发了严重的排华事件，华人死2名，伤10名，2.3万人的财物被抢一空。事情一直持续到次年9月，最后因军警制止，才告停息。由于英国政府对澳大利亚等地限制华人法案持反对态度，加之金矿事业已由盛而衰，南澳大利亚、维多利亚、新南威尔士分别于1861年、1865年和1867年自动取消了其限制华人法案。然而，这决不意味着排华的终结。

当澳大利亚南部淘金衰落之际，北部的昆士兰发现金矿，华人蜂拥而至。1877年，昆士兰通过限制华人法案。次年又有补充规定。其主要内容有：除亚洲人或非洲人所发现矿场外，任何新矿场在最初的三年里不准华人涉足；如果华人居澳洲时未犯法，或未增加当地政府的负担，三年内离境者，可以退还进口时所纳税金，旨在鼓励华人回中国。昆士兰呼吁全澳各州以"澳大利亚的利益"为前提，共同采取排华行动。

1880～1901年间，澳大利亚各殖民地联合进行排华，使对华人的限制进入了一个新的阶段。1878年白人船员罢工，澳亚汽船公司被迫解雇了所有受雇华人，白人的排华情绪更为高涨。1880年底，来自澳洲各地的代表首次举行了大洋洲"洲际会议"，集中讨论了如何对待华人问题。各殖民地制定新法案，排斥华人，其中新南威尔士和维多利亚重申了原有的排华法案，

▲ 巴克兰河金矿暴力事件

南澳大利亚、塔斯马尼亚则同意颁布类似于昆士兰1878年的排华法案。1884年昆士兰又规定,每50吨位许载1华人;华人人头税为30英镑。1886年西澳大利亚正式通过了排华法案。至此,澳大利亚各主要殖民地都有排华法。

1887年中国政府就只对华人抽人头税违反国际法一事向英政府提出抗议,未有成效。相反,1888年南澳大利亚针对当时唯一未限制华人的北邦宣布:凡新到达尔文的华人每人应缴人头税10英镑;已在该城但住在离城20里以外的华人也须付人头税10英镑。"澳大利亚人的澳大利亚"成了当时极富煽动性的口号。同年6月,在悉尼举行了第二次"洲际会议",决定:(1)任何船只每500吨始准载1名华人入澳;(2)禁止在澳华人从一殖民地到另一殖民地;(3)要求英政府向中国循外交途径寻求办法,以阻止华人入澳;(4)要求英政府禁止香港和新加坡两殖民地默许华人入澳。这实际上是全面排华的开始。其结果是华人移民数量的减少。这年,在新南威尔士,只有39人入境,而出境者有2803人。1888年澳洲约有华人5万人,1901年减为3.2万人。

澳大利亚各殖民地对华人由局部到整体、日趋严厉的移民限制表明:根深于种族的和经济的对华人的排斥是资本主义国家发展史上一个具有一定必然性的现象。实际上,在澳大利亚独立之前,互不统属的各殖民地有了共同的排斥华人的思想意识、立法举措和暴力行为。到1888年,大多数想到澳大利亚的华人被拒之门外,已在澳的华人则受到歧视。

■ 白澳政策

"白澳政策"是1901年澳大利亚独立后随即推行的严厉排斥华人的政策,意即澳大利亚为白人的澳大利亚。它是要排斥所有的有色人种,使澳大利亚成为纯白人的天下。

"白澳政策"的产生并不是偶然的。1901年以前澳大利亚各地所推行的排斥华人的政策实际上是"白澳"思想的反映。以前澳大利亚的排华政策总是受到英政府的节制，此时当它摆脱了英政府的羁绊后，便无所顾忌地进行排华。某些工会贵族尤为活跃，"对他们来说，华人移民就像'鸠占鹊巢'，华人移民扰乱了他们企图建立一个与外界隔绝的民主制度的美梦。" 1901年"反华及反亚洲人联盟"的成立，要求完全禁止华人及亚洲移民入澳，并且隔离已经入澳的华人和亚洲人，严格执行工业法，使华人无法就业。

1901年澳大利亚联邦政府的"移民限制法案"，采用语言测验以排斥有色人种。即入澳的移民必须能听和能写一段50字长的任何欧洲文字；入境后3年内得随时再考，不及格者被认为是"违禁移民"而被驱逐出境。但对于欧洲移民则无须这种歧视性测验。由于申请入境的华人多为文化较低的劳动阶级，他们极少人能通过语言考试。而且，联邦宪法授权政府行使过去由各殖民区分别行使有关移民的权力，换言之，以前各殖民区的排斥华人法案仍然有效。1905年、1908年、1910年、1912年和1925年又多次对诸项移民限制法进行了修正。其内容除了重申1901年法案之外，还有：（1）澳总督随时可以人口已足或人口过剩为理由，某种移民必须在指定港口入境。（2）入境时"语言测验"不及格者，可交保证金100英镑，于30日向政府领取优待证，获暂时居留权。（3）凡非法入境者处6个月以下的监禁，再驱逐出境。（4）凡载运非法移民的船只及协助这种移民者，均处以重罚。由此，华人已很难成为澳洲公民。1947年全澳华人只有9114人，其中3700人是在澳洲出生的。1954年全澳华人只剩下5914人。

这种"语言测试"的歧视与排斥华人移民的本质是不言而喻的。

1905年以后，政府将进行测试的"欧洲语言"改为"指定语言"。从而使政府可以任何一种语言测试不及格为理由，拒绝任何一位外国人入境。

1958年，"入境许可"取代了"语言测试"。表面上它没有限制华人的规定，由移民部长决定给谁以永久居留权，但非白人要获得入境许可十分艰难，即使获允，也只是临时性的，期满后需申请延长。只是到了1966年新移民法颁布之后，允许非白种人士申请入境居住，才基本上从政策上结束了延续几十年的"白澳政策"。

"白澳政策"给华人移民和移民华人带来了巨大的影响。

首先，它阻止了华人移民，并限制了移民华人的发展。1903年，澳联邦政府通过的入籍法案规定：一个在联邦居住的非英国臣民，如欲在联邦定居，可向总督申请入籍证书。这实质上是阻止有色人种入籍，而没有入籍证书，一个有色人种移民就会失去选举权、土地所有权等。这使得华人无法作为一个公民而正常发展。华人80%以上聚居在东部各州里，以开设洗衣店、水果店、家具厂和种植蔬菜为业。

其次，为白人的排华提供了法律上的依据，使社会上排斥华人的行为更加狂热。如1904～1905年间，在新南威尔士，反华反亚联盟发起运动，抵制华人零售店店主，零售杂货协会和乡村商人协会积极支持联盟的活动。在维多利亚，自由党和工党一再呼吁颁布抵制华人细木工和洗衣工的工厂法令。

再次，助长了华侨民族主义思想，在政治上将华侨隔离于当地社会，不利于华侨与当地民族的交往和融合。1901年，华人的政治活动还处于低层次，其范围仅限于新南威尔士和维多利亚。到了1921年，华人的政治活动已趋成熟，建立了许多隶属于中国某政党的总部与支部，召开了更多的由全澳大利亚和南太平洋地区华人参加的党的会议。

1916～1921年间，澳大利亚华人共济会在悉尼召开了四次州际会议。有的华人组织还办有报刊，以配合其宣传。

第二次世界大战后，国际形势发生了巨大变化，澳国政府已认识到"白澳政策"的错误，以及澳国与亚洲国家在国防和商业等方面的密切关系，即他们需要寻求地区稳定、发挥更大的国际作用，开辟新市场。成立于1959年的不属于任何党派组织的"移民改革团"，在系统考察了"白澳政策"后指出："现在该是公开和过去决裂的时候了。我们应该宣布'白澳政策'的死亡……澳人必须给非欧洲国家来的人（像现在这边的外国学生）以机会，必须和永久居留的人（众所周知，大多数华人的祖先在上世纪就到了这里）和平共处。"而20世纪60年代的澳大利亚华人无论在经济上，还是在政治上都较之过去更成熟，表现出加入当地主流社会的主动性。正因如此，1966年澳大利亚政府取消了"白澳政策"也就不难理解了。此后，多元文化政策取代了种族歧视的"白澳政策"。澳大利亚华人的历史也揭开了新的篇章。

白新西兰政策

新西兰是一个1907年才脱离英国而独立的国家。在此之前，与澳大利亚一样，是英国的殖民地。从1881年新西兰首次颁布排华法令起到1944年新西兰政府取消华人人头税及船只载重限制为止，法令控制下的排华达60余年之久，在时间上超过了美国排华史。

华人最初来新西兰主要是为了满足当地开发（如金矿）而产生的劳动力不足的需要。新西兰第一批12名中国移民是应杜尼汀商会的邀请于1865年到奥塔哥金矿去做矿工的。然而，在华人到来之前，1857年，为了防止华工的到来，纳尼逊反华委员会就成立了。这也是澳洲最早的一个排华组织。足见欧裔矿工从一开始就对华工抱有敌意。到了 70 年代，排华情绪更烈。新西兰当局的排华态度，是种族优越感与经济忧虑的令人惊奇的混合物。

1880 年，政治家色登（后为新西兰总理）提出了把所有华人驱逐出境，排斥所有有色人种的口号。这是典型的白新西兰思想。虽然法案未获通过，但这种舆论起了很大的消极作用。同年，新西兰代表参加了第一次大洋洲的"洲际会议"，共同通过了排华法案。这一决定经新西兰国会讨论后，便成了新西兰 1881 年"中国移民法案"。该法案规定：凡华人入境，须纳人头税 10 英镑；每 10 吨船位得载华人 1 名；人头税由船主开列华人名单，于船抵岸时，如数缴纳。从此，白新西兰思想变成了一种法律的与政策的现实。

1881～1920 年间，新西兰国会通过了一个又一个步步强化对华人移民限制的法案。如：

（1）1888 年的"中国移民补充法案"规定增加船位限制每 100 吨船得载 1 名华人入境，人头税仍为 10 英镑。

（2）1896 年的"限制亚洲人法案"（同年改为"中国移民法案修正案"），将人头税增加到 100 英镑，船只载华人的限制增加到每 200 吨 1 名。这样原本针对所有亚洲人的法案变成专门对华人的法案。

（3）1899 年的"移民限制法"规定：任何移民须通过"语言测验"，即以欧洲文字填写入境申请表，而华人们要受 1896 年"中国移民法案修正案"的限制。同时，该法案还附上一条：不给华人出具公民证书。在这种情形下华人入境微乎其微。

（4）1907 年"中国移民补充法案"规定：华人入新西兰必须能阅读 100 字以上的一段英文，而这种阅读材料由关税人选定，通过与否也由他们自由裁决。

（5）1908 年的"移民限制法案"，将华人与低能旅客、违禁移民相提并论，所有华人必须按指印；临时出境再回新西兰的华人要通过英文测试并交纳人头税。这年，新西兰内政部决定，不再把华人归化为公民事件呈请内阁批准，因此，直至1952年为止，几十年间竟没有一人正式归化为新西兰公民。

（6）1920年的"移民限制补充法案"规定以"入境许可"代替以前的语言测验，但华人仍需缴纳100英镑的人头税。凡非不列颠或爱尔兰人，均须先以通信方式申请"入境许可"，准许与否全由新西兰关税当局决定。这一制度实质上不仅可以排斥新西兰政府不愿接受的任何"不受欢迎的外来人"，华人无法得到永久居留权，而且也排斥了今后国会辩论移民政策的可能性。许可证制度是白新西兰政策的一种巧妙的表现方式。

1907年新西兰独立后，它对华人的限制更趋严厉。总理瓦德叫嚷要把亚洲人全部驱逐出境。同时，诸如"白人联盟""白新西兰联盟""反亚协会"等种族组织到处进行宣传，视亚洲移民为"黄祸"，反对亚洲移民进入新西兰。他们诬蔑华人"盗取我们土地上的黄金，抢走我们人民的面包"。到1920年排华进入了狂热时期。这种政策的基本内容是要排斥所有的有色人种，而华人又是其限制的主要对象。结果，此后20余年没有一位华人得到永久"入境许可"，除了一些土生华人可以申请配偶或未婚妻入境外，永久居留的华人也不能申请配偶入境。华人仍处于一种"过客"的心态，他们不得不将钱汇回中国，以维持晚年回国后的生活；同时对新西兰也缺乏义务感，因为政策法令没有提供任何能让华人将新西兰看成自己永久居住地的希望。1927年的《危险药物法案》规定，华人居室如被认为有窝藏鸦片嫌疑，不须法院命令，随时可以搜查。1934年新西兰关税部长说，如果任何华人持有永久居留入境许可的话，即可以取消100英镑的人头税。由于华人根本就不能取得"永久入境许可",因而这种许诺只是一句戏言罢了。

迨至1944年,第二次世界大战给新西兰的政治和社会环境带来了巨大的社会变化。这主要表现在:(1)1935～1949年工党执政期间社会平等思想的滋长。(2)当日本侵略中国南方地区时,新西兰曾允许有永久居留权的华人在付200英镑的保证金后;其妻子及儿女可入境居留,期限为两年。结果有249名妇女及244名儿童来到了新西兰。(3)1941年新西兰与中国成了抗日战争中共同的盟友。加之中国政府的外交努力,这一年新西兰政府正式废除了对华人所加的人头税及船只载重限制。1947年宣布给如下华人以永久居留权,即:1939年以战争难民身份入境的妇孺;这些妇女在新西兰居留期间所生的子女;持一年期许可证的华人临时居民和学生,在新西兰居留期已满五年者。

此后,华人移民条件进一步放宽,1952年正式恢复华人归化为新西兰公民的权利。新西兰华人成为新西兰多元社会中不可分割的一部分。

第四节 东南亚地区的排华

■ 印度尼西亚的排华

印度尼西亚的排华史可以分为三个时期，即 1800 年以前的排华，1800 年至 1945 年之间的排华，以及第二次世界大战以后的排华。殖民政府的华侨政策是以排斥为主、利用为辅的一种政策。

1619 年荷兰殖民者占领了雅加达，东印度公司曾大力鼓励和招徕中国移民，以重建巴达维亚为"东印度最大的商业城市"。1690 年巴城政府首次颁布了限制华侨入境的条例，规定：凡于 1683 年以前入境的长发华侨，须向华侨官员登记并申报家庭人口和职业性质，方可继续居留；1683 年以后禁止蓄辫华侨入境，违禁入境者罚 6 个月监禁。此后，限制华侨入境的条例越来越严。当局声称这样做是因为惧怕华侨人口增多，导致失业恐慌。一个矛盾的现象是，在政府对华侨进行移民限制时，华侨人口却在不断增长。这主要是由于一方面公司需要发展与中国的贸易，以获得中国商品；另一方面荷印殖民当局官员也可利用这种限制对入境华人进行敲诈；另外，清政府放弃了禁海政策，使出国不禁，归国有禁。

1740 年发生的骇人听闻的"红溪惨案"是荷印当局对华侨由招徕、限制政策转而为驱赶、屠杀政策的重要转折点。它的发生并不是偶然的。

首先，它是殖民统治危机的一种反映。进入 18 世纪以后，东印度公司统治下的印度尼西亚内部矛盾重重，1736～1740 年间，公司财政亏空达 457 万余英镑；而作为岛际之间的自由贸易又为

▲ 1998 年印尼排华事件

公司所垄断，所推行的"强迫纳税制"和"强迫供应制"，使印度尼西亚人民不断起来进行反抗斗争。在外部，英、法、比利时等国势力也纷起东进，对东印度公司形成强大的竞争之势。这样，公司需要寻找摆脱危机的途径。其次，华侨力量的增长引起了殖民当局的忧虑。1719 年，巴达维亚城内华侨人口已有 4068 人，郊区则达 7550 人。华侨在商业方面的力量在一定程度上构成了对荷兰人的竞争。殖民当局对待华侨先是采取利用与限制的政策，试图将华侨有效地控制在自己的势力范围之内；继而以更强硬的手段来解决矛盾。

18 世纪 20 年代，殖民当局已开始把认为对公司无益的贫苦失业华侨流放到锡兰、好望角等地或遣返中国；而要留居吧城者又必须向公司领取居留许可证，荷兰官吏借此进行敲诈勒索。1727 年，东印度公司规定：凡属最近 10 年至 20 年内居留在吧城的中国人，未申请领取政府所颁发的居留准许证者，一律配遣出境。旋又规定，自 1727 年 8 月 15 日起，半年之内作为华侨申请居留的期限，每人需缴 2 块银元为证件费。1729 年规定，凡是在限期满后而未领取居留证的华侨，一经发觉，即行逮捕。1796 年，殖民当局又宣布：凡属 1729 年以后入境的

华侨，在今后3个月内，只有被认为有用的人，才允许每人交纳2银元，领取居留许可证，否则概行遣返中国。"唐人闻风逃走，不计数；有走不及被捉者数人，尽押落地，幽之狱中。"殖民当局拘押的主要是住在城郊从事蔗业而未取得居留证的华侨。当局甚至认为，"服乌衫瞭者，日间为好人，黑夜即为贼"，于是下令："若见服乌衫瞭者，俱皆擒拿。"这样不仅无业游民，而且城内富裕华侨也在拘拿之列。"他们绝大多数被杀害，其余则被投入海中。"这种野蛮行径激起了华侨的满腔义愤，他们感到"如其坐以待毙，不如作难而反，庶几死中求生。"约3000名华侨聚集于甘达里亚糖厂附近，准备武装自卫。殖民当局得知后，即以华侨准备进攻吧城为借口，向华侨发动了一场计划周密的大屠杀。

1740年10月9日，公司总督范·因霍夫亲自组织、指挥荷兰雇用兵进攻城外华侨队伍，随即又下令兵丁于城内挨门逐户拘捕华侨，不论男女老幼，"擒出便杀，悲号之声，耳不忍闻"。除甲必丹连光富等一家人待"平乱"后拟罪外，城内唐人几乎尽被屠杀。连续四天的烧杀抢掠，使城内华侨被杀者近万人，侥幸逃出者仅150余人，被烧毁和劫掠的房屋有六七百家，财产损失无法估计，史称"红溪惨案"。

惨案发生后，吧城经济陷入凋敝，即使殖民者也不得不承认，"如果没有中国人，要使吧城获得辉煌的成就，提供丰富的物质，创造幸福的生活，几乎是不可能的"。因而，殖民当局只好重新招徕中国移民，同时派专使到清朝请求继续通商。对于这场屠杀，清政府不仅没有提出抗议，反而认为被杀的华侨是"自弃化外"、"系彼地土生，实与番民无异"，所以"虽事属可伤，实则孽由自作"。随之，仍准荷兰通商。清政府的这种态度使荷兰殖民当局无意于改变对华侨的总体限制与掠夺的政策，华侨被母国政权所抛弃，处于孤立无援、受排挤的境地。

1800年东印度公司垮台，1816年荷兰重建了对印度尼西亚的殖民统治。不久规定，华侨要到爪哇各地旅行，需申请通行许可证。1835年，荷印政府颁布了"居住区域条例"，禁止中国人与爪哇人混居，必须在本族头领的管理下按区集中居住，便于政府控制，同时限制以华侨为主的商业活动。直至1910年荷印政府才宣布华侨在省、县、区、镇的城市和地方官指定的若干市场中有自由居住权，1919年全部废除居留区制度。华侨在法律上也处于无权、不受保护的地位。稍有违反政府条例之处，警察长就可不根据人证、物证而给华侨判罪。

近代，印度尼西亚华侨人口猛增。1870年约有26万，1940年有143万，遍布印尼各岛，尤其是外岛地区的华侨力量发展甚速。被视为"猪仔"的契约华工的命运仍然十分悲惨，他们在种植园、采矿业等重体力劳动中过着牛马不如的生活，自然谈不上平等与权利。这时，荷印当局对华侨的政策主要有如下几个特点：（1）在1919年以前对华侨进行通行和居留限制。通过发行"路票"，既限制了华侨零售业的扩展，又因到处收费，攫取了华人的大量钱财；同时，由于华侨"至其目的地，限二十四小时内报告地址，否则有罪"，紧紧控制着华侨的活动。（2）对华侨出入境进行种种侮辱性的搜查、烦琐登记，以及高额征收人头税。（3）对华侨课以重税，横征暴敛。如：一个公司的主要股东如果是中国人，则所交的营业执照额要较平常高二倍；对于华人开设的商店，政府官员可任意拆毁。第一次世界大战结束后，荷印当局突然宣布要对华侨的年收入征取30%的重税，并且要从1914年大战爆发时起追收。（4）实行种族歧视，华侨作为"东方外侨"在法律上遭受不平等待遇。在荷印政府所划分的荷属东印度的四个等级中，华侨处于最低层。1910年2月，荷印政策颁布"荷属东印度籍民条例"，强迫华侨为"荷兰国籍民",但并不能享受与欧洲人同等的权利。荷兰殖民当局曾将学校分为两个等级,华侨子女被排斥于学校教育之外,只是在有余额的情形下,华侨子女才能入第二等学校就读,等等。这一切实质上都是对华侨的排斥与歧视。

荷印政府的这种政策对印尼华侨产生了极大的影响,这主要表现在:(1)限制了华侨的发展。尽管1870年荷印当局宣布放弃"强迫种族制",实行"自由竞争"的新殖民经济政策。但是它始终利用其统治权力对华侨进行剥削与限制。(2)尽管环境十分恶劣,但华侨仍然埋头于经济活动,进入20世纪来华侨经济终于在荷属东印度经济体系中占有一席之地。(3)华侨的中国归属感的发展。华侨学校、华侨社团、华侨报刊、华侨对中国革命的支持,等等,均有了很大的发展。(4)面对华侨民族主义思想的高涨,荷兰殖民者又极力挑拨华侨与土著民族的关系。1910年所颁荷兰国籍法,将印度尼西亚居民分为三等:第一等欧洲人,第二等东方外国人(主要是中国人),第三等印度尼西亚人,即所谓土著居民。在20世纪初,印度尼西亚民族运动高涨、华侨资产阶级与印尼民族资产阶级发生经济利益的冲突之后,尤其是1912年伊斯兰联盟成立以来,由于荷兰殖民者的挑拨,爪哇许多地方发生反华骚乱,印尼原住民的反华情绪高涨。印尼土著民的排华意识及排华行为在他日获得民族独立后,必将有更大范围的表现。这样,在荷兰殖民统治时期未获解决的华侨国籍,华侨经济与土著民经济之间的不平衡性,将成为独立后印尼政府或民间排华的两大历史根源。华侨与荷兰殖民统治者之间的矛盾渐渐被挑拨,转移为华侨与印度尼西亚之间的民族矛盾。1946年6月13日,荷兰进攻爪哇前夕,印度尼西亚军民对华侨进行了一场大屠杀。1956年,前内政部长阿萨阿特发起排华运动。武力排华、全面同化政策给印度尼西亚华侨留下了悲惨的一页。

■ 菲律宾的排华

菲律宾的排华具有较长的历史。从16世纪西班牙殖民者占领菲律宾到1946年菲律宾的正式独立，近四百年间菲律宾处于殖民统治之下，先后发生过多次大规模的排华事件。而1945～1966年间的菲化运动又是以限制、排斥华侨为其目的的。菲律宾的排华可以分为三个时期：

第一个时期为西班牙殖民统治下的排华，时间约为16世纪末至19世纪末。

西班牙殖民者建立对菲律宾的统治之初，对华侨极尽利用之能事，大帆船贸易给西班牙带来了无穷的利益与财富。然而，1574年爆发的华侨林凤进攻马尼拉的起义，深深地刺激了西班牙殖民者对华侨的仇视心理。16世纪80年代，西菲当局已开始对华侨实行种种限制。如：从1581年起对从中国进口的商品征收3%的关税和每吨12比索的停泊税；在马尼拉城北与巴名河间一荒地建立所谓帕利安区（"涧内"），在其周围围以栅栏，让华侨集中于此居住和买卖，以便于当局的控制和税收；1586年4月马尼拉的西班牙人代表大会要求殖民当局：严禁中国商船零售商品；严禁华侨商人、小贩在马尼拉居留，以免他们囤积和零售商品，所有的华侨零售店应于本年内由西班牙人接管。

西菲当局推行这些措施的原因在于：（1）西班牙殖民者统治基础薄弱，十分害怕华侨人数的增长。（2）在中菲贸易中，大量的白银、黄金流向中国。（3）中国商品，特别是丝织品，通过马尼拉转口西属美洲市场，引起了菲西商人与其他各地西班牙商人之间的矛盾。

1593年发生了华侨潘和五等人刺杀菲律宾总督达斯马里伊斯事件。作为报复，西班牙殖民当局于同年底驱逐了3000名华侨回国；1596年又一次大规模驱逐华侨（约1万余人）。同时，设置新帕利安，置于要塞的炮火之下。"夷人故怒视华人，征赋溢格，稍不得当，呵辱无已时，犯者即严置以法。自兹衅既结，疑贰日深，夷益虏使我矣。"此后，在17、18世纪共发生了5次残酷屠杀华侨的人间惨剧。即：

1603年屠杀华侨事件。殖民当局利用明太监高寀等往机易山探金之事，制造所谓即将发生以华侨为内应的中国入侵危机的谣言，使西班牙市民、士兵、土著人和日侨与华侨处于对立状态，激起了华侨的起义。起义为殖民当局所镇压，约有2万~2.5万华侨被杀。华侨的居所、财物被洗劫一空；华商寄存于马尼拉城内的贵重商品以及参加或被怀疑参加起义的华侨财产概行没收。

1639年屠杀华侨事件。这年，卡兰巴地区华侨不堪殖民者的掠夺，举行起义。结果不仅起义者遭到了残酷镇压，而且由于殖民当局害怕马尼拉城内华侨支持起义，竟然下令杀死城内所有的华侨，凡藏匿华侨者以叛逆罪论处。不久，又向各地发出命令，要西班牙官员迅即处死当地全部华侨。其中仅卡维特港被杀的华侨即有1100人。整场浩劫中有2.2万名华侨惨遭屠杀。仅帕利安一地的损失就有500万比索。菲岛的几条河流因尸体污染而不能食用达8个月之久。

1662年屠杀华侨事件。殖民当局借口郑成功要来进攻，以菲华侨为内应，先是下令将全菲华侨集中（实则囚禁）到帕利安和比农多；在此之外发现华侨，一律处死；同时，冻结华侨财产。5月25日，西班牙守城士兵炮击帕利安，在恐慌和混乱中，华侨四处奔逃，原有的1.5万人只剩下1500人。有的华侨逃至圣马特奥山筑堡自卫。殖民者一面令华侨返回马尼拉，一面调集庞邦加土著部队进攻山寨的华侨。下令对未及时赶到帕利安的华侨格杀勿论。同时，命将马尼拉各行业的华侨进行登记，除留下满足城内各种需要的人数外，其余尽数驱逐回国。

在这场屠杀中，华侨遇害者达 4000 余人。

1686 年屠杀华侨事件。西班牙国王命令菲律宾殖民当局在六个月内驱逐全菲华侨，迫使华侨起来反抗，结果华侨被杀者几百人。

1762 年屠杀华侨事件。这年英军占领马尼拉，西菲流亡政府借口华侨支持英军，下令处死岛上所有的华侨，对于一些筑寨自守的华侨俱加杀戮。在菲岛掀起了骇人听闻的屠杀高潮。他们将华侨每 10～15 人的辫子结在一起，再系上石头，投入大海淹死。整场屠杀持续到 1765 年，估计死者逾万人。由于大批华侨是在 1762 年圣诞节期间被杀，因而史称"1762 年的红色圣诞节"。1764 年，西班牙殖民者重回马尼拉，华侨被视为"上帝和（西班牙）国王的叛徒"，绞死者无数。

以上这几场大屠杀充分反映了殖民当局对华侨所采取的排斥与打击政策的实质，是丧失人性的。他们要利用华侨为之服务，同时又害怕华侨力量的增大。于是，一旦需要，即制造借口，屠杀华侨。每次屠杀之后，基本上都达到了西班牙国王 1602 年颁布的仅准 6000 名华人在菲律宾居留的旨意的要求。

18 世纪末，菲西当局对华侨的政策有了重大的改变。1778 年，当局撤销了 1776 年驱逐华侨的法令。为了利用华侨开发菲律宾，当局将过去的周期性屠杀和驱逐政策改为对华侨进行严密控制与监督的新政策，如：将华侨划区居住，帕利安之外的华侨只准从事农业；只准与菲人通婚者开商店等。1850 年以后对中国移民征收入境税，到 1890 年已由原来的 2 比索增至 20 比索。华侨的人头税、行业税在菲律宾诸阶层中是最高的。华侨离开居留地到外地从事贸易或其他活动，不论距离远近，要向政府申请特别通行证。

第二个时期为美国统治下的排华，时间为 20 世纪前期。

这个时期，华侨在法律上取得了其他国籍侨民的同等地位。但是，美菲当局对华侨仍有种种限制。具体表现在：（1）美国所有的排华法一律适用于菲律宾。1903年菲律宾移民律规定：凡属过去在菲居留的商人、劳工及现时在菲律宾经营商业的华人眷属，准予入境；中国政府的外交官、商务官等准入境。以上三种人如无居留证或登岸保证，即被视为华工，予以逮捕并递解出境。并采取坚决限制华工入境的政策。1909年菲移民法将从事商业的华侨分为"商人"和"小店主"两类。前者在移民方面可享受商人的权利，后者将不准许在菲居留。1925年菲议会又将"商人"身份的最低税金缴交额提高为每年240比索，否则就不能作为商人入境。（2）1921年菲议会通过了"簿记法"，针对华侨小业主，规定任何个人或公司、团体在菲律宾经营工商业或他种事务，均须用英文、西文或任何一种菲律宾文字记账，违者处以1万比索以下罚款，或两年以下的监禁。（3）还通过了种种法案，以实行"菲化"。如：1923年的内海航运法案，以剥夺华侨及其他外侨（美侨除外）所拥有的商业运输权利；1939～1940年的公共市场菲化案，禁止外侨（美侨除外，主要是华侨）在公共市场租用摊位，经营商业；1939年停止向华侨新设的小杂货店发放营业执照。等等，初期的菲化运动使华侨在农业、林业、矿山、渔业和交通、运输、自来水等行业的发展受到限制。

第三个时期为菲律宾独立初期的排华，时间为1945～1965年。其特点是，通过国会立法和有关当局的行政法令，将业已推行的"菲化运动"全面化。它规定只有菲律宾人才能从事菲律宾的企业、事业经营及某些职业。其主要是针对华侨而来。如银行菲化法（1948年）、进口商业菲化法（1953年）、零售业菲化法（1954年）、米黍业菲化法（1960年）等，迫使华侨退出这些领域，其最终目的是让华侨不得不自动离开菲律宾。

总之，西班牙殖民统治时期是最野蛮的排华时期，多次大规模的屠杀和驱逐华侨是早期排华史上罕见的。美国殖民统治时期的排华则没有血淋淋的场面。正是殖民者有意制造华侨与土著民族的矛盾，不仅使华侨往往成为矛盾冲突的焦点，摆脱危机的替罪羊，而且这种长期积聚的民族仇视心理，以及所谓华侨支配着菲律宾经济的说法的影响，成了20世纪30年代以来菲化运动不断高涨，以及独立后菲律宾政府的极端种族主义政策的社会基础。其实，华侨并不是一个剥削土著民族的外来民族，他们对于菲律宾的经济发展作出了不可磨灭的贡献，他们的权益应该受到保护。而随着华侨向华人的转变，那种排斥、歧视性的种族政策终究会被抛弃。

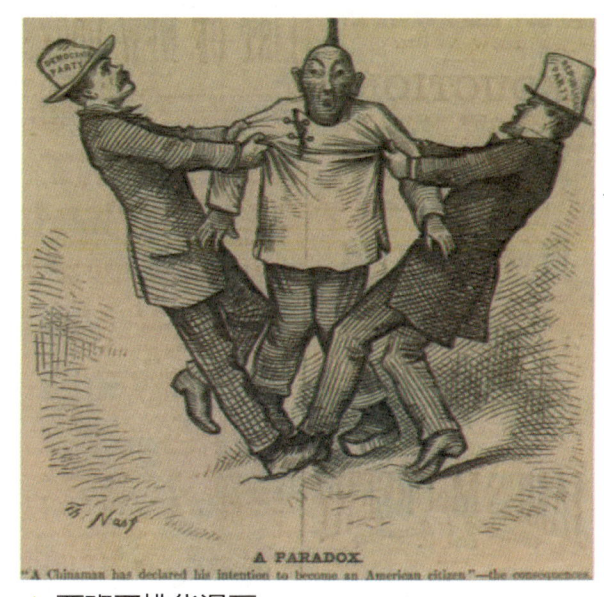
▲ 西班牙排华漫画

第五节　民族主义与异化、同化

■ 国民、国家与国籍

大约从宋朝、元朝起到鸦片战争时期，相应海洋活动的扩展，海外华侨的数量开始按几何级数增加，不久之后又迅速增加，这是严肃的史实。这个时期一直未能用汉语明确定出华侨的含义，也不能把华侨定义为犯了"海禁"而出国侨居的人。

因为儒教的基础是"孝"，所以非常重视原籍（籍贯）。汉语中的侨居、流寓之类措辞都是与籍贯相对应的，有出于无奈暂时栖居外地或外出谋生的含义，言外之意是最终还要返乡。在旧中国，作为家族成员或亲属记录的传统做法，可以说是证明自己清白的有力证据，没有这种证据的人就如断线风筝，是亡命徒、浪子，只能依靠秘密帮会提供帮助。因此"侨"曾经作为形容词使用，未用于表示个人或群体的名词。

另一方面，"华"这个汉语意味着华夏，即文明的中心区域，所以无论是短期侨居国外的人，还是已被同化和与原居民杂婚而居住在国外的中国籍人都冠以"华"字，如华侨、华人等。在前面谈到的海外情况也提到"华人""中国人"，但那是看作准备归国的人所使用的措辞，为了避免措辞上的疑难，通常使用"唐人""闽人（福建人）""粤人（广东人）"等便于表达的用语。传统的看法是，定居海外的人是一些私人活动（如海外谋生）的人，从中国的政治、文化原则来说是不完全的中华民族。

　　这种状况发生重大转变的，是围绕国际条约的缔结以及国民国家的形成的国际动态，那就是以1842年《南京条约》为开端。条约的缔结当然要按照国际公法，并以此为前提从明确规定了主权、人民、领土的国家去考虑的。1844年英国继出生于马六甲海峡保护领的人之后，宣告包括中国人、中国血统的人在内作为英国臣民加以保护。那时清朝尚未实行领事制度，在外交争议上，清朝方面开始主张对居住在外国的中国人姑且冠以"华民""华人""华商"之名，属于大清国民。事已至此，华侨实际上获得清朝的公认。而且陆续允许海外的华商和华工与外国人签订的合同契约，可以带妻儿到海外，为奖励向清朝捐款的爱国华侨，一般授予官职，称之为绅商。

　　1868年，清政府决定派出领事，但到1877年才开始实施。选任当地中华会馆的绅商，或者直接派遣国内官员出任领事之职。政府通过领事报告的形式掌握当地的实际情况并加以分析。在1880年代担任驻日本领事的黄遵宪的报告中，开始出现"华侨"一词。1893年清政府终于废除海禁政策。此期间，于1885年围绕法属印度支那宗主权的战争(中法战争)后签订的中法天津条约中称居住在越南的中国商民为"侨居者"，甲午战争后1895～1896年清政府与日本签订的《马关条约》中也列举了双方相互保护"侨寓臣民"的条文，清朝方面称之为"侨居华民"，简称"侨民"，而到了90年代"侨"作为名词使用，"华侨"的称谓开始普及。那时有关中国的复兴、重建的舆论，不管是章炳麟、康有为、梁启超的保皇、立宪论，还是孙中山等的革命论，目标都是灭满兴汉，即废除满族专制统治，建立以汉族为中心的中国。两派都重视华侨的存在，都希望获得爱国华侨财政上、精神上的支援。

1909年统治荷属东印度（大致是后来的印度尼西亚）的荷兰放宽移民法，决定把毕业于当地荷兰学校的中国人列为受充分保护的荷兰臣民。清政府利用这个机会制定有明显血统主义倾向的国籍法，其中规定，双亲都是中国人则其子女自动是中国国民。实际上，华侨只要留居海外，一般都得不到中国当局的保护，回国才受到保护。是否硬要加入外国国籍亦不追究，因为具有中国血统的人已被看作中国的国民，故当然承认双重国籍。这个国籍原则，为台湾国民党当局所继承，至于中华人民共和国，这个原则一直延续到1976年推行鼓励华侨与当地同化的方针为止，不久，亚洲各国民族主义高涨，是去是留成为华侨面对的事关重大的复杂问题。

"天下为公"这句话原出自《礼记》第九卷，中国革命先行者孙中山先生常用作革命口号号召人民参加革命。这句话被刻在广州市中山纪念堂的门额上，而在圣弗朗西斯科（三藩市）唐人街的入口牌楼上方也刻着"天下为公"四字，左右两边分别刻有"忠孝仁爱""信义和平"对联。这句话的意思是"天下是人民的"，居住在那里的人都是公民，世界公民。

1903年革命先驱邹容在上海出版《革命军》，附录中有两首"革命歌"，号召华侨摒弃封建思想意识，积极参加救国活动。孙中山将这本书和两首歌再版，号召居住在美国和东南亚的华侨奋起参加革命。孙中山以东南亚华侨为后盾，

▲孙中山像

他首先强调的是汉民族政权的复兴（灭满兴汉），为此，会党（秘密帮会）会员的组织者是必不可少的，其东南亚的活动中心就在新加坡，他们组织的兴中会发动广州起义失败后，领导人之一尤烈移居新加坡，抑制康有为保皇党势力，先到日本后到夏威夷避难的孙中山于1905年在东京组建中国革命同盟会，次年在新加坡建立分会，后者于不久发展成"南洋总部"，在吉隆坡和槟城也成立了同盟会分会。1907年，同盟会在潮州、云南河口等地发动的起义相继失败，但同盟会已经确立起以新加坡和马来亚华侨为强大支持者的体制。在新加坡有木材商人张永福、制衣商人陈楚楠、橡胶园主陈嘉庚、砂糖王黄仲涵等，在槟城有贸易商吴世荣等强有力的核心会员。

不久之后，同盟会的南洋总部迁往槟城，辛亥革命成功后，槟城成为华侨革命的支援中心。孙中山就任中华民国临时大总统之后，在上海建立了拥有强大华侨势力的华侨联合会，由会长汪兆铭、副会长吴世荣在世界各地组织华侨，以此为后盾，致使南京的临时参议院中增选了6名华侨代表。在当时世界上，移民代表参政是举世无双的。这次选举的主体是各地的中华总商会、中华会馆、图书馆报社三个团体。如果称孙中山为国民革命之父，那么革命之母非华侨莫属，华侨从物质和精神两方面的支援极大。同盟会后来改组为国民党，几经曲折，才于1928年成立了南京政府。

经历了这样的政治过程，孙中山把新加坡、马来亚的华侨与国民党紧密联结起来。然而，直至抗日战争开始，新加坡大富豪陈嘉庚被选为南洋华侨救援祖国难民总会主席，不久发起反对蒋介石军队消极抗日，并于1949年前往北京出任中央人民政府委员会委员，历任第一届至第三届人民政治协商会议副主席、中华全国归国华侨联合会主席等要职。总体来看，支持新中国政权的华侨不胜枚举。

▲ 香港大学前校长王赓武像

就这种政治动向和爱国精神来说，可显示出涉及华侨实体的几个侧面。其中一个是对"中国的形象"的反应。古往今来，中国不仅是一个政治单位，又是成功地使内部各民族同化融合起来的文化单位，姑且不论在异国他乡被同化吸收的人们，移居者"心中的中国"的存在感仍然很浓烈，特别是对文化中国这个综合体的眷恋更难以消除。尤其是一旦政治统一，或者正在走向统一的时候，"中国的形象"在心理上的反应就更加强烈。反之，出现分裂，国共两党斗争继续拖延下去的话，他们的希望就会破灭，内心所剩下的就只是爱乡之心了。

华侨通王赓武先生认为，对东南亚的所有华侨进行分类时，根据"中国的形象"的过去和现在表明政治态度的集团中，无论对国民党还是对共产党都不偏不倚表示支持的，是属于少数的一类，多数表面上对本国的政治表示暧昧，而忠于居留国。

尽管如此，正如"天下为公"这个口号那样，20世纪的华侨无论是自律的还是他律的，也不管愿意还是不愿意，都不得不作出抉择。首先是面对来自祖国的号召以及国籍法的影响，即居留国的民族主义问题。

华侨是"不速之客"吗

1.泰国民族主义

近现代有组织的、全国性排华状况应按不同地区来谈。由于金矿和土木建筑的需要,一时接纳数万、数十万清一色华工的澳大利亚和美国,从局部来看,华工人口比率较大(澳大利亚为12.5%)被认为是争夺白人的工职而成为烧杀抢掠华工的导火线。在澳大利亚,继1861年、1888年限制华工入境之后,从1901年澳大利亚联邦政府成立时起,至1958年一直实施的严格的移民制度(亚洲籍移民入境时必须通过听写50句欧洲语的考核),在美国,1886年订立排华法,直到第二次世界大战时中美结盟,才采取区别政策。

亚洲华侨被视为"不速之客"的原因,虽然都带有与各国民族主义发生矛盾的共同之处,但视不同国家、不同政策、不同历史时期而有细微差异。特别是以东南亚全境而言,中国移民的基层是"华商型",外围是"华工型""爱国华侨型"的结构,所以必须弄清楚,接纳国方面所排挤的,究竟是华侨全体,还是只针对特定类型的华侨。

以泰国为例,1910~1920年代是来自生活困苦的华南华侨流入的高峰期。泰国国内,农业以外的熟练、非熟练劳动力的6~7成,实业界的8成半,贸易的9成仰仗于华侨。虽然华侨的流入缓解了劳动力不足,但不久便达到饱和。由于1930~1933年世界经济不景气,橡胶、锡的市场崩溃,工资降低,入境人数锐减。第二次世界大战爆发,华南各港口相继被日军占领,太平洋战争时期中国禁止国民到海外去。战后,泰国政府针对移民开始重新增加的情况,于1950年通过移民法,每年入境人数严格限定为20名,并征收高额的移民登记费,从而使移民主要压缩在富裕的商人和实业家范围内。

在缩小移民规模的同时，积极推行封锁华侨的劳动就业政策，经济上的民族主义化政策，教育上的同化政策等。1932年结束极权君主制建立泰国立宪革命的新政权推行农业国营化和职业限制。1934年，除了中华总商会外，还组建了向泰国人开放的曼谷工商会议所，1936年，根据商业登记法将所有营业收归政府的控制下，所有商店招牌一律以泰文标示。对于农民金融则扩充为可利用政府资金的信用合作社。

在当时国民党的民族振兴政策中，虽然要求华侨增添普及中国人学校和中国语文教育，但在接纳国社会上对此表示极大的反感。华侨中出生于本国的人热心于子弟的教育，在占华侨6成多的马来半岛，中国人学校或教会学校入学率很高。在同化者多且本土出生的人口占4成多的泰国，这类学校虽然不那么多，但以第一次世界大战为界限，与马来半岛一样，入学儿童不断增加。泰国政府在1919年订立私立学校法规，先于东南亚各地要求对外国人学校的校长具有泰国中学教育修业的资格，对外国人教师则要求学会泰语，教学上定出泰语的必修时数。在1921年制定的义务教育法中，所有学龄儿童要接受教育部规定的四年初等教育，1932年开始压缩中国人学校的中国语文教学时数，

▲ 1995年万隆会议

而且作为第二外语大多聘用泰国人教师教授泰语。

在原先同化较顺利的泰国社会实施上述强制同化政策的背景下，较之日益高涨的泰国民族主义，华侨方面的同化速度明显地放慢了。在入境锐减时期，中国女性的移民反而增加了，中国式家庭逐渐增多，面向中国人子女学校相应增加，对中国习俗的怀念日益加深。而令人啼笑皆非的是，立宪政府中激进的官僚阶层多数是已经被同化的富裕华侨的子孙。在他们的眼中，泰国的历史文化才是文明的，对保守中国传统的华侨表示反感。期望结交的国民党政府的态度是高举反西方、反英的旗帜，所以亲英的泰国官僚不信任华侨，在华文报纸上报道在泰华侨引人注目的政治行动，被曲解为企图建立国中之国。

1938～1944年的第一届銮披汶政权推行经济和教育的泰国化。政府决定参与碾米、烟草、船舶、石油等行业的经营并由泰国人控制，修改所得税法以加重华侨的税务负担，对中国人学校和华文报纸实行严格管制。从1941年起侵占泰国的日军败退后的一个时期，欢呼胜利的曼谷华侨曾与泰军发生武装冲突。1946年悬而未决的中泰建交终于实现，关系得以缓和，但强硬的同化政策并未因此而有所改变，除教育外，华侨对于参政权、外国人登记费、入境手续费等施加的种种约束深表不满，但拥有领导权的总商会，就支持共产党还是支持国民党的分歧而未能达成一致。当时中国的政局对人民解放军有利，1948年第二届銮披汶内阁产生，包括第三届在内，一直延续到1957年。

1947年泰国人和华侨共同组建中央工会，从1948年起由共产党人领导，其势力还渗透至华人学校。銮披汶政府加强对国民党政府和中共双方的警惕，另一方面，有一段时期倾向于北京的在泰华侨的舆论，以朝鲜战争为转折点，转而采取中立静观的态度。华侨的政治态度正处在动摇之中，泰国政府一下子提高外国人登记费，迫害华侨商社、协会、学校中的共产党人，拒绝承认中华人民共和国，并反对其加入联合国。

　　1955年，在印度尼西亚万隆召开的亚洲会议上，泰国当局与中华人民共和国政府接触，得知新中国与印度尼西亚缔结有关华侨的协定，因而开始考虑建立睦邻友好关系和通商的问题。首先废除了华文新闻的审查，具有公民权的华侨可以加入任何政党，新中国的商品一时充满了泰国城乡。1953年建立的第三届銮披汶政权虽然采取灵活的姿态，但仍然坚持经济民族主义。其要点是资助泰国人的经济活动和职业教育，限制外国人的经济活动，政府加强对各种产业的参与，促进商业、金融业中半官办泰国企业的发展。而教育上的重点是清除有政治色彩的华人学校，教职员和课程的泰国化，限制学校的资金来源，这一切都取得预期效果。

2. 印度尼西亚国籍问题

　　众所周知，在现代的印度尼西亚围绕国籍问题也存在着严重的摩擦。在法制标准和生活标准上，情况却完全不同。

　　闽南人大批移民爪哇岛和苏门答腊西部，他们以贸易或商业为中心，通过园艺农场或劳作创办事业。荷兰人自1619年建设巴达维亚（今雅加达）以后，因种族间矛盾重重难以融合，故实行分而治之的政策。推行居留区分隔制度，将华侨从农村排除出去，使之居留城镇里。华侨虽然掌握贸易和市场，但要依赖自己力所不及的各种营业或者商业和金融网络，而在政治上把华侨看作"非荷兰公民"的"外来东洋人"。这种含糊不清的概念是后来国籍不明朗的一个原因。华侨虽然在许可的商业部门有所发展，但像在泰国那样，离不开当地的领导阶层，即使同化也形成保留中国姓氏的中间阶层。

　　到19世纪中叶，三分之二的华侨居住在爪哇本岛，且以福建人为主。但是，由于外岛的矿山和农地迅速开发，潮州、客家和广州地区的移民大量流入外岛，本岛和外岛的华侨人口已各占一半。此外，新移民形成了中国特色很鲜明的移民社会。第一次世界大战期间，居住区限制一被废除，华商马上进入内地发展。从此，国籍摩擦进入新的历史时期。

1949年印度尼西亚独立。民族特色极强的国民党新政权由于都信奉社会主义的缘故，在亚洲率先承认中华人民共和国。在50年代，取缔荷兰的商业权益，华侨垄断了全印尼的非农业经济。50年代末，印尼当局将印尼籍的华人排挤出农村，再度集中于城市。华侨占印尼城市人口的10%，总人口中仅占3%以下。接下来的是国籍的申报问题。

根据1949年与中国的协议，对于所有本地出生的中国血统的人，印尼政府作出下列决定：（1）必须另行申报，赋予印尼国籍；（2）从1949年到1951年三年内拒不申报者，视作具有中国国籍的人。（2）项中的绝大多数是新移民的第二代，（1）项是双重国籍者。接着印尼当局又决定以1962年1月为期限，要求出示近年选举投票的证明，或出示在印尼出生的证明，凡有这两项证明者赋予印尼国籍，但要放弃中国籍。不依时办理手续的双重国籍者将丧失印尼国籍。在254万中国血统的人当中，有些是在印尼之外出生的，有20万虽出生于印尼但在1951年拒绝入籍印尼的成年人，5万是中国籍的子女，合计为125万是中国籍的人。其余120万成人之中，有20万是在1949～1951年选择国籍时双亲拒绝申报印尼籍，而因年幼不受双亲约束的本地出生的子女，其余100万是自愿决定双重国籍的人。结果，在1962年的时候转为印尼国籍的中国血统的人不太多。那是因为要求自己申报又要办理烦琐的法律手续之故。大约只有60万～80万转入印尼籍，而且多数是已同化但仍保留中国姓氏的人。

这时候，印尼的实业界与当地出生的中国血统的人和中国籍的人进行激烈的竞争，这些中国血统的人无论在资本实力、实际经验，还是实业网络上，都是一股强劲的势力。正如印尼的经济界认为的那样，"只要是出生于中国人家庭，他们终归还是中国人"，而在提倡宗教和伦理同一性的印尼伊斯兰教的信条下，中国人是被看作排他性的少数群体。

印尼政府采取这样的政策，即并不分公民或外国人，而是以土著民族与非土著民族来区分，排斥中国血统的人获得土地，在国立大学也主要面向土著民族招收学生。在1954年，开始限制印尼籍以外的人经营碾米业，1957年根据军方命令，取缔汉语学校，一律禁止当地出生的中国血统的人走读。1963年5月，爪哇岛各地发生排华暴乱，以1965年的"九·三〇事件"为契机，苏哈托反共政权一成立，便立即撕毁与中国政府签订的双重国籍协定，把中国血统的人视为强制同化的对象。

但是，可以认为针对这样的民族统一，当局采取的一系列区别政策，只图原封不动地停止华侨的一切活动能力，实在是一种失衡的想法。即使作为现实的社会经济问题也是不可能的。印尼当局较现实的策略应是在经济上与华侨共存共荣，互相协调，而在华侨方面，在政治上旗帜鲜明地归属本国的只是少数派，大多数则是为了自身的生存与繁荣，考虑到需要保持同乡亲属的纽带，而在政治上表示对当局支持的人。"九·三〇事件"中直接镇压的对象是亲北京派，只占华侨人口的四分之一，中立和亲台湾派的150万不是镇压对象。

3. 马来西亚的情况

英国在以其殖民地经营和贸易为重点的经济政策下，对马来半岛的政治尽量施加大的影响。首先在1786~1824年期间占领了海峡殖民地（新加坡、槟城、马六甲）作为据点。第二步是在 1847～1894 年把有开发前景的锡矿和种植园的苏丹各国（霹雳州、雪兰莪州、森美兰州、彭亨州）建成称作马来亚合众国的保护领。这个保护领从 1895 年一直延续到 1941 年，才形成以吉隆坡为首都的联邦。其中加上 1909 年与泰国交换的英属吉打州、玻璃市、吉兰丹州、柔佛州等组成非联邦马来亚合众国。

第二次世界大战后，殖民统治结束，旧英属马来亚于 1957 年作为马来亚独立联邦的一部分获得新生，在 1963 年沙捞越和沙巴两个东马来亚国及新加坡加入马来西亚联邦。因此，以 1963 年为界限，将此前称作马来亚，将此后称马来西亚。1956 年新加坡脱离联邦建立独立共和国，如果除开 1974 年归属的联邦领土，则其版图内，马来西亚西部的苏丹各国的边界未发生大的变动。

19 世纪 20 年代马来亚的人口只有 50 万，绝大多数是马来人。1957 年增至 7725000 人，包括马来血统、中国血统和印度血统三个人种。若以 1911～1940 年期间来看，由于中国血统和印度血统的往来人口增加，到 1931 年具有中国血统和印度血统人口的合计已超过了马来人。西欧人等的"其他"人的比例充其量不过 2%。总人口中，到 1978 年具有中国血统的人已占 33%。

在整个马来半岛，主要铁路沿西岸延伸，港口和城市大多集中在西岸。主要物产是锡和橡胶。前者从上一世纪中叶开始，后者从本世纪初开始进入正式的开发，但集约化经营是西岸及其内地。本世纪迅速发展的现代化和民族主义，一面要适应多人种共存这种难以消除的，在近一二个世纪中形成的态势，一面要谋求进一步发展。

日军侵占马来半岛时，为了镇压抗日力量把居住在城镇的华侨赶到农村。失去资产被迫迁往农村的华侨为了生存只得非法占据土地，而且贫民也很多，他们建立马来共产党积极投身抗日游击战争。日本败退后，接着发生与马来人抗争导致的暴动（1948～1960年）。实际上，华侨之所以进入农村而与马来人不和，主要是由30年代世界经济萧条的余波和英国殖民地政府朝令夕改的农村政策所导致的，日军的入侵只是火上浇油罢了。50年代英国殖民地政府建立了30个"新村"和240个种族隔离区，按地区将占居民人口三分之一的华侨农民迁往那里。这些新村和隔离区设于矿山、大农场和偏远的城镇内。这种情况导致因经济衰退而没落的华人迅速增加。

特别是本世纪初由于锅炉、蒸汽机、水枪、挖掘机等的发明和应用，矿山技术焕然一新，殖民地政府通过征收苛捐杂税，整顿秩序等一系列措施随便可一攫千金的劳动集约时代过去了，矿脉挖尽，华侨小矿主和劳工沦落为领取执照在矿区贩卖蔬菜等商品作物的农民、车夫、流浪汉等（澳大利亚的金矿山也有这样的情况）。由政府批准的土地面积很小，又不给予所有权，但可使用60年。

在英属马来亚地区，马来人消费的大米的自给率为三分之一，还不包括印度人和华人的自给率在内，故殖民地政府从泰国和缅甸进口大米。第一次世界大战时期泰米停止进口，粮食供应不足时，曾鼓励种植玉米、木薯、烟草、水稻、蔬菜。1921年恢复进口泰国大米时，又因橡胶业不景气使大批橡胶园工人失业而出现不稳定因素，他们加入生产粮食的农民行列中，30年代世界经济衰退时，锡矿山也深受打击，殖民地政府强迫部分华侨劳工归国。正是出于这样的缘故，出国前原是农民的华工，导致非法农场工人与日俱增，膨胀起来。

橡胶园的盛衰稍有不同。美国的汽车工业蓬勃兴起，进入汽车生产自动化的20世纪初，马来半岛的橡胶园迎来了繁荣兴旺时期，种植面积扩大。其中既有每公顷雇用1200名工人的大型外资橡胶园，又有每公顷约雇用150名工人的小型橡胶园。后者有的属于地主型华侨经营的自办橡胶园,有的属于马来人家族经营几公顷土地的橡胶园。总体而言,当然需要大量的劳动力,英国政府从东印度的泰米尔招来印度人作橡胶园工人,并启动1908年的泰米尔移民基金调节劳动人数量的供求。

橡胶树种植6年后即可割胶,即使过了5年的高产期,以后20年还可保证不亏本。开垦热带雨林建设橡胶园,精心管理,预防疾病等方面,华侨是最优秀的行家里手,但他们不同于逆来顺受的泰米尔人,如果工资收入不满足就立即离去。1920~1940年期间,由于橡胶市场情况恶化,失去昔日的繁荣,很多橡胶园工人返回印度和中国,留下来的人进入失业大军。那时,以第一代橡胶树及其栽培技术为基础,兼营农业的小型橡胶园则正好相反,却在萧条时期壮大起来。

第二次世界大战结束和马共起义失败之后,由于受朝鲜战争带来的橡胶景气的刺激,橡胶种植又重新恢复起来。在新生的马来亚政权的领导下,十分之一的大型橡胶园,三分之一的小型橡胶园改种新的更优良的树种。新政府为提高人民群众的生活水平,第一执政党统一马来人国民组织通过村级基层组织试验各种移植措施,以期改善马来亚贫困农民和没有土地的人们的生活。这些措施包括鼓励种植椰子树(油椰子),在印度工人占多数的大型农场,建立种族的文化的新架构。由于生产率低而贫穷的农家几乎都是马来人,所以改善农村地区的道路和基础设施,提高马来人生活的政策,不可避免地带来种族间的矛盾和摩擦。

4.新加坡独立

日本战败投降后的1946年,在英国主持下制订了《马来亚联合宪法》,但因不分种族一视同仁地给予公民权(国籍),故引起不满华侨而提倡"马来人的马来亚"的人的强烈反对。由此产生了统一马来人国民组织这个政党。他们主张的建立多民族国家，而其实质是限制外来民族，特别是华侨的公民权。而华侨则成立称作"马华公会"的政治团体，印度人成立称作"马来亚印度人会议"的政治团体。

1957年马来亚联邦独立之时，统一马来人国民组织夺得主导权之后，组建了马来人、华人、印度人三者妥协性组织"马来亚联盟党"并掌握政权。这是一个在反共右倾路线上联合起来的松散的联盟。1959年进行了第一次总选举。在103个议席中马来亚联盟党占73席，统一马来人国民组织占52席，马华公会占18席。

1963年马来西亚联邦成立。下院议员名额按地区分配结果是，马来亚104席，新加坡15席，沙巴·沙捞越40席，共159席，但遭到华侨人口比率高的新加坡的反对。而且在1967年以后，马来语被定为唯一的公用语。在初等教育上，将小学划分为标准学校和标准型学校，在标准学校中除使用马来语教学外还使用英语。在标准型学校的外语课上同时教授英语、汉语、印度语。但在英语标准型学校中，马来语为必修课，在汉语和印度语的标准型学校中马来语和英语是必修课。

在新加坡，当时人口中的70%是华人。上层人物大多数是留学英国或接受当地英语学校教育，持世界主义观点的人。大多数华人是在本国或新加坡的汉语学校接受教育的。总的来看，他们反殖民主义、反日的意识强烈，从马来亚联邦前景的角度上都反映该岛的大多数华人的利害关系和现代化路线的差异。意见分歧从20世纪60年代拟订马来西亚联邦的构想时就暴露出来了。社会主义中国的"中国影子"的影响也不容忽视。稳健的民主社会主义派领导人李光耀于1954年组建人民党，他既获得左派势力的大力支持又迎合了华人民族主义的心态，从而加强了人民党的发言权。在1957年成立的马来亚联邦向1963

年的马来亚联邦统一的微妙时期，李光耀成功地通过国民投票加盟新联邦。然而，与统一马来人国民组织产生对立，李本人的人民党内亲共派亦与其分道扬镳。1965年，马来亚和沙巴·沙捞越的政治领导层对统一马来人国民组织否决中央政府推行马来人优先政策的前景深感忧虑，故而召开了马来西亚联邦会议。会议上新加坡被开除出联邦，新加坡方面立即于1965年8月宣告新加坡共和国独立。70年代后期，中国开始实行贸易自由化，"中国影子"的内容也发生变化，提倡中立和自由贸易的新加坡经济亦迅速发展起来。

5. 日本与外国开始建交后的华侨

安政元年（日本年号，1854年）结束锁国政策，根据与美国、英国、法国、俄国、荷兰等国相继缔结的通商和约，箱馆（1869年改名函馆）、神奈州、长崎（1859年）、兵库、大阪（1867年）、新潟夷港（1868年）等条约港对外开放，旅日华侨蒙受打击。先就法律地位而言，因为当时清朝政府尚未与日本建立正式的外交关系，所以直到明治四年（1871）日清友好条例缔结之前，华侨均作非条约国民、无国籍人对待，友好条例虽已生效，但派往日本各港的领事较晚到任而且时间不一，实际上却增强了作为自治福利团体的会馆或公所的团结，并通过其代表代办公事。清朝向日本派出领事之后，大约从1909年起，海外的清国国民以血统主义建立起来的国籍法为后盾而受到保护。

日本海外贸易尽归长崎一港管辖的幕府长崎会所体制结束，也是使华侨在经济上蒙受重大损失的原因之一。但荷兰则按条约办事，与这个体制无关，所以在1684年以后的一个时期，出现日本出口的主要商品铜和海产的聚集尽归中国商人这种意想不到的大好时机。70%的日本海产经上海沿长江运入中国内地，30%运往广东及东南亚。但是萨英战争（1863年）中战胜国英国与幕府谈判中要求终止日清对上述两种商品的垄断贸易，同时关闭已毫无作用的"唐人宅区"，华商移往长崎的新地和广马场，即今中华街一带，或作为买办和雇员入住外国人留居地内。在设有条约国国民的居留地的其他港口的情况也一样。

日本方面，作为一种妥协的措施，由地方借助外国人董事和外国领事管理非条约国国民，以代替由日方认可清国人在居留地内居住和营业。从1867年开始实行每年登记籍牌（居民登记），这种做法一直延续到明治十年（1877）。

对于在外国人中一变而处于劣势的清国人，尤其是华商来说，并不是全部举步维艰，前途暗淡。农业国日本加速向工业化发展的是20世纪初，经历日俄战争之后的事情。下边要谈到的神户的关锦堂就是其中的例子。当初它的贸易商品以农产品、水产品和杂货为主，接着转为以肥皂、洋伞、棉纺织品为主。从外国货的购进，最适于直接出口的产业的培育以及为此目的的选址条件和运输条件来说，杂货、农林水产集散地长崎较其他港口弊多利少，从长崎、横滨、函馆三港来看，1859年长崎经营的出口总额占77.9%，而1867年仅占15%，同年的横滨则迅速增长到80%。支撑横滨出口的货物主要是生丝、蚕种、茶叶和棉花。横滨的生丝、茶叶的主要出口地是美国，而长崎、神户、函馆则出口中国大陆。针对这种变化，旅日华商之中每个同乡集团的优劣以及进出的港市的优劣亦发生了变化。

在长崎，由明末至清初，官准收购日本铜的三江集团（主要是江苏、浙江出身的商人集团，其中亦有上海和宁波商人）率先兴建代作会馆的兴福寺，八代将军吉宗为了抑制金银外流，开发北海道的虾夷地以海产代替金银出口，控制从上海到内地市场的三江集团占尽优势。从关闭"唐人宅区"前后，这个集团就把目标指向神户、大阪和函馆。从寺庙到会馆的组织变化过程中，福建会馆于1870年、三江公所于

1871年、福州的福建公所（八闽海关）于1876年建成，长崎成为福建集团的一个重要据点。这时从厦门来到长崎的陈国梁、第二代的陈世望、第三代的陈金钟经营的泰益号商社，在明治、大正、昭和初年将农、水产品向上海、台湾、厦门、香港、新加坡出口，并输入杂货，第二代还出任过福建会馆理事、总商会会长、长崎华侨海产商领袖。

在神户，福建公所于1870年、三江公所于1871年、广东公所于1876年相继建立，三大集团大致保持均势。在大阪，三江公所于1882年，三江人、山西人、湖南人联合的南帮公所于1887年，山东人、河北人的北帮公所于1876年先后建立。这些公所利用大阪商船运输棉纺织品销往中国的华北和东北。后来大阪的三江集团逐渐减少，福建和台湾人逐渐增加。

在横滨，因为英国人最初在上海和广东建立据点，收购生丝，故与英国关系密切的广东人作为买办或商社雇员咸集横滨。从会馆和公所的设立来看，1887年建立三江公所，1898年广东人建立亲仁会之下还吸纳了全部珠江三角洲籍的三邑公所（1921年）、四邑公所（1919年）和要明公所（1920年）。直到1899年日本邮船直接将函馆的海带输往大陆之前，因为英美船只从横滨运出的，所以广东的海产商人为与三江集团竞争而定居于横滨。也许因为生丝和茶叶是由日本批发商租用外国船或日本船输出的，所以横滨的华商除做外国商人的买办外，还进行中药材、砂糖以及杂货、土产、棉花、陶瓷、漆器等的贸易。

明治、大正时期，大阪神户地区出现一个大名鼎鼎的一代华商吴锦堂（又名吴作莫，1855～1926年）。他是浙江财阀，与孙中山和蒋介石相交颇深。可以说他的人生历程是在日本获得成功的华侨的典型代表之一。

吴锦堂出生于宁波慈溪县，这一带地区是江南棉花名产余姚棉花

▲ 吴锦堂铜像

的产地,他家虽是自耕农,但生活并不富裕。他是兄弟五人中之长子,为了维持家庭生计,到了当时大批宁波人外出谋生的上海市一家香烛店做工,由于经常来往于苏州,学会许多有关投资和商务知识。

中法战争(1884～1885年)之后的经济衰退时期,他与两个朋友合伙携带1000两银子的资本到日本长崎做棉花生意,接着在连接长崎与神户的信托运输业上获得成功,先居住在大阪,后迁居神户,开设资本为30万元的"怡生商号"商行,经营杂货贸易。神户、大阪进入轻工业时代,在明治20年代后期泷州弁三开办的大型火柴公司"清燧公司"的产品大量出口中国大陆的时候,吴锦堂开拓了上海到江南和长江沿岸的销路,广东人麦小彭开拓华南和东南亚的销路,同时成为神户华商的巨头。不久之后,日本纺织业兴起,吴锦堂立即着手中国棉花的进口,并继续从事日清战争时残存下来的日清贸易的中介。明治二十九年(1896)钟渊纺织株式会社(钟纺)的兵库工厂一开始投产,首先涉及中国江南棉花的进口和神户大阪棉布的出口问题，不久，吴锦堂购入钟纺股份，成为名列第八的股东，并以其威信和声望出任神阪中华会馆理事长，即三江帮的首脑。

日俄战争时，吴锦堂收买德国商船更名"锦生号"负责运输日军的军需品，并于明治三十九年（1906）入籍日本。日俄战争后由于经济萧条，钟纺股票一度暴跌之后又再次暴涨。吴锦堂承兑大股东三井转让的股票登上董事之位，而且还成为上海同系统的合办公司的大股东。但吴锦堂在与铃木久五郎的股票买卖会战中失利。他继续向神户煤气、国内外棉花贸易、大阪布料、中国汉冶萍煤铁厂矿公司、汉阳铁工厂等实业投资，同时在神户开办东亚水泥公司，占地2万坪（1坪=3.3平方米）。从那时开始还在日本和中国的浙江省进行村庄开发，农场、矿山等的土地收购。他的金融网络以上海的宁波系四明银行作为主要客户，在钟纺的大股东时代延请同乡人担任该系统的日中合办上海纺丝公司经理，其侄吴鼎启在上海开设了浙江商业储备银行。

吴锦堂死于日本大正十五年（1928）。其长女嫁给介绍他到上海做工的恩人徐孟彬之子，两个儿子均到日本入其企业工作。长子吴启藩随父加入日本国籍，在日本学校毕业后，经营其父与别人合办的企业。吴启藩的妻子虞采莲是宁波镇海籍买办、著名大实业家虞洽卿之女，虞采莲早逝，后续娶丁氏为妻。丁氏长住上海，其一子一女均入日本学校学习，其子成为日本国立大学医学系教授。启藩与采莲共生六子一女，可谓多子多福。因疾病和战乱三个儿子先后去世，但吴氏遗业仍后继有人。

关于日本华侨的类型，虽然王赓武教授提出华商、华工、华侨、华裔四种类型，但若将旅日华侨的性格与在世界其他国家的华侨的性格进行比较来看，无论怎么说，按照"华商型"和现代的"华裔型"

这种分类是比较现实的。当然，中日战争时有一大批被日军从中国大陆强押到日本的华工，他们的辛酸苦难绝不能视而不见，掉以轻心，以清朝末年东渡日本的留学生和知识分子为中心的爱国"华侨"的活动以及与之相关的宣传和教育活动也不容忽视。但是做更广泛的展望时，旅日华侨应有的状态是中日两国间很早就培育起来的文化和贸易交流的漫长而具体地发展而形成的，这一点也是不能否定的。

"唐人居住区"虽近似于出生于东南亚的外国商民的指定居留地，但日本幕府的贸易管制很强硬。旅泰华人取得与王室商业有关的租税承包者的地位，易于社会上或地理上的转移。在菲律宾混血者（改变信仰的混血者）可以进出沟通马尼拉与其他地区的物流要地。在日本的京都、大阪、江户也出现大批中国洋杂店和书店，但中国商人却不能在日本自由迁移。从开埠到明治、大正、昭和时期，旅日华侨仍沿袭这个传统开展活动。

函馆的华侨社会按照先是广东帮，接着是三江派，然后是来自福州的内地商贩集团这一顺序消长，而至今天。

佩里舰队经下田到达函馆作商情和港湾考察之时，邀请了香港人罗森为翻译同行（罗著有那次航海日记和有关太平天国起义秘史）。不久，广东成记号商店老板陈玉祥曾数次来到函馆收购以海带为主的海产品，并开设函馆分店。1859年，大町建立外国人居留地时，在美国人和中国商人帮助下制订了港口管理规划。从长崎、神户、横滨迁往函馆的中国商人日渐增多，他们充当英国、俄罗斯、法国、美国、丹麦等国商社的买办。1871年，当时在函馆设置官署的日本开拓使，任命英国商人为港口长官。从1872年起将官署迁往札幌的日本开拓使于次年任命广东商人黄宗祐任港口长官并兼翻译和中国人监督，而且雇用10名中国农民到札幌近郊开拓荒地，又雇用了2名住在函馆的中国鞣皮工人。次年，包括总代表在内的 7 名中国商人买下政府拍卖的中华墓地，并将这个团体称作同德堂，这个团体成员包括广东人、三江人和福建人。1879 年，黄宗祐在与三江帮的官司中败诉而离开札幌，迁往横滨。从此集货的主导权便转入从明治初年就经神户后定居函馆的以上海人为主的三江集团手中。从这个时期开始与日方内地海产品商人的商战激烈起来。

日本方面为了促进海产品直接向中国出口，必须改善生产和集货体制，从而设立了国策公司的保任社及其上海代理店。国策公司曾因生产过剩和行市极不稳定而一度遭受挫折，故在 1876～1885 年之间设立了拥有上海和香港分支机构的广业商会，而且在开始日益完善的行会规则的支持下，打破了华商采用的商业惯例。但是，资金雄厚又深谙大陆内地商情的华商依然保持固有的优势。

1882 年成立的北海道厅向中国派出内地商情考察团，参照该考察团的报告设立了日本海带公司（1894 年），委托三井物产公司进行销售。此期间，在函馆的华商之间，三江集团取得绝对优势，从 1885 年起聘任宁波出身的张尊三为董事，以其声望，使之与日本方面的水产商、物产商和收货批发商势均力敌。1892 年，清政府领事到日本赴任，就在三江公所内办公。1910 年，三江公所的成员得到北海道和桦太华侨的支持，在函馆富冈街建立了中华会馆（关帝庙）。

旅居北海道和桦太华侨之所以大量增加，与 1899 年实施的"内地杂居令"有密切关系。虽然日本政府仍禁止非熟练劳动者入境，但各种行业的人却不属此禁令范围，居住和迁移的限制较宽。前来大阪的福州和浙江南部的一些服装商人正要拓展北海道等内地农村的销路之时，在函馆和札幌已经建立了销售点。但是，实际上中华会馆设立时，华商的地盘已开始动摇了。

从日清战争前后开始，鲑鱼（大马哈鱼）、螃蟹等海上加工的近代渔业已经兴起，日俄战争后日本沿海各州和堪察加群岛的远洋渔业发展起来。1913年，日本实行水产品制造监督规定和重要物产行会法，1915年函馆海产品行会成立，生产、标准控制和运输的主动权尽归日方。双方围绕参加行会的纷争问题即将取得妥协之时，发生了日本强硬要求中国当时的袁世凯政权扩大在华权益的"二十一条要求"问题，中国发生了抵制日货运动。次年，张尊三辞去董事职位回国。1932年"上海事变"发生时，中国海产商仅剩两间。

函馆中华会馆依靠富裕的海产商组成的核心成员的开盘（征收每月销售额的8%）来维持。其负责人由三江帮商人改为福建省福清县人为核心的集团。虽然三江帮的潘莲夫仍留任董事一职，但新势力的领袖却是陈必拳。陈必拳于1919年到大阪，先入其姐夫开设的商店，开始从事药品买卖，后来开设"京染绸缎布匹东祥号"经营从长崎进口的福建和浙江绸缎以及日本绸缎的销售业务，从1924年起将生意发展到北海道、桦太等地，加入其堂兄弟陈恩竹（今函馆华侨总会长陈上梅之父）等人行列，成为年营业额达1万日元的成功者。还有长崎前华侨总会长陈日蜂也是上两代以船员身份从福清县来长崎从事杂货业，然后以贸易兼行商获得成功的人士，他开设"生泰号"商店，其商业网扩大到九州、中国、四国和京都、大阪、神户。

然而，本来非常团结的新加坡中华会馆由于战争的影响而陷入日益困难的处境。1941年函馆工商会议所体察没有不动产销售权的华侨的困境，向政府请求拍卖位于富冈街的会馆的建筑用地，供华侨无偿使用。华侨方面，向北海道和桦太的华侨呼吁筹款，在91位华侨的赞助下筹集了部分买地款项。结果在工商会议所会长斋藤荣三郎的斡旋下，中华会馆及其建筑用地实际上成了华侨的公有财产。同年，原来的北海道华侨联合会改为留日北海道华侨总会,推选福清人陈必拳的女婿张仁忠为会长。他毕业于同志社高商部,在京都经营绫子、绉绸等绸缎布匹商店,是来函馆的著名华侨。

"二战"后北海道城市化迅速发展,华侨集中的地方除函馆外,扩及札幌、旭川、室兰、钏路等城镇。开辟了不动产投资途径,在商务、贸易、金融、服务等行业中涌现出不少成功人士。而且其子弟们毕业于国立大学,成为医生或其他高级职业人才,逐渐正式进入"华裔时代"。

在1957~1961年五年内,函馆中华会馆围绕所有权发生纠纷,按照华侨总会方面现存的备忘录据理力争,依法律得以解决。顺便说一下,1910年竣工的函馆中华会馆是从上海带来资材,招聘木匠、雕刻师、漆工,历时两年才完成的。虽是纯木结构,但经得起地震和风雪,内部仍保持庄严富丽,乃是现今日本保存的唯一一座永存的华侨集团纪念性建筑物。所用经费与日本全国华侨募捐建设的神户会馆(1892年建立,已焚毁)相当。但值得注意的是,它同样是在北海道、桦太的华侨支持下建成的。

 知识拓展

林 邑

唐至德年间(756~757)改称环王,五代时(907~960)又改称占城,但自称则为占婆,亦称占波、瞻婆、占不劳,位于交州之南,为今越南的广平、广治、清化、平顺、潘郎诸省。居民占人,深目高鼻,发卷色黑,以航海寇掠为业。建国于后汉末年(约144),初信婆罗门教,现则多奉佛教。自立国起,经常寇掠日南、九真,皆赖中国出兵抵御。由于经济、文化关系,林邑亦曾多次向中国王朝遣使上表入贡,自吴孙权立国起(222),至周世宗显德五年(958)止,共入贡四十六次,其中有两

次为"累入贡",一次为"入贡不绝",又一次为"入贡十五次",实际入贡当有七八十次,可以想见其往来的频繁。华人往林邑者以范文最为重要。据《水经注》卷三十六温水条引《江东旧事》说:范"文本杨州人,少被掠为奴,卖堕交州,年十五六,遇罪当得杖,畏怖而逃,随林邑贾人渡海远去,没入于王,大被幸爱。"《晋书》卷九十七"四夷传"说:"随商贾往来,见上国制度,至林邑,遂教逸作宫室、城邑及器械,逸甚爱信之,使为相……及逸死,遂自立为王。""于是乃攻大歧界、小歧界,式仆、徐狼、屈都、乾鲁、扶单等诸国并之,有众四五万人,遣使通表入贡于帝。"

图片授权

全景网

壹图网

中华图片库

林静文化摄影部

敬　启

　　本书图片的编选,参阅了一些网站和公共图库。由于联系上的困难,我们与部分入选图片的作者未能取得联系,谨致深深的歉意。敬请图片原作者见到本书后,及时与我们联系,以便我们按国家有关规定支付稿酬并赠送样书。

　　联系邮箱:932389463@qq.com

参考书目

1. 巴素，郭湘章译．东南亚之华侨．台北：台湾国立编译馆出版，1974
2. 陈烈甫．东南亚洲的华侨、华人与华裔．中正书局印行，1980
3. 刘伯骥．美国华侨史．台北：黎明文化事业公司印行，1982
4. 温广益、蔡仁龙．印度尼西亚华侨史．北京：海洋出版社，1985
5. 李学民、黄昆章．印尼华侨史．广东：广东高等教育出版社，1987
6. 黄滋生、何思兵．菲律宾华侨史．广东：广东高等教育出版社，1987
7. 陈依范，韩有毅等译．美国华人史．北京：世界知识出版社，1987
8. 陈烈甫．华侨学与华人学总论．台湾：台湾商务印书馆发行，1987
9. 吴凤斌．契约华工史．江西：江西人民出版社，1988
10. 王赓武，张亦善．南洋华人简史．台北：水牛出版社，1988
11. 魏安国等著．许步曾译．从中国到加拿大．上海：上海社会科学院出版社，1988
12. 杨进发著，姚楠、陈立贵译．新金山——澳大利亚华人．上海：上海译文出版社，1988
13. 陈碧笙．南洋华侨史．南昌：江西人民出版社，1989
14. 陈鹏仁．日本华侨概论．台北：水牛出版社，1989
15. 杨国标、刘汉标、杨安尧．美国华侨史．广东：广东高等教育出版社，1989

16. 朱杰勤. 东南亚华侨史. 北京：高等教育出版社，1990

17. 李春辉、杨生茂. 美洲华侨华人史. 北京：东方出版社，1990

18. 林远辉、张应龙. 新加坡、马来西亚华侨史. 广东：广东高等教育出版社，1991

中国传统民俗文化丛书

一、古代人物系列（13本）
1. 中国古代乞丐
2. 中国古代道士
3. 中国古代名帝
4. 中国古代名将
5. 中国古代名相
6. 中国古代文人
7. 中国古代高僧
8. 中国古代太监
9. 中国古代侠士
10. 中国古代幕僚
11. 中国古代皇后
12. 中国古代士人
13. 中国古代华侨

二、古代民俗系列（10本）
1. 中国古代民俗
2. 中国古代玩具
3. 中国古代服饰
4. 中国古代丧葬
5. 中国古代节日
6. 中国古代面具
7. 中国古代祭祀
8. 中国古代剪纸
9. 中国古代鞋帽
10. 中国古代生肖文化

三、古代收藏系列（16本）
1. 中国古代金银器
2. 中国古代漆器
3. 中国古代藏书
4. 中国古代石雕
5. 中国古代雕刻
6. 中国古代书法
7. 中国古代木雕
8. 中国古代玉器
9. 中国古代青铜器
10. 中国古代瓷器
11. 中国古代钱币
12. 中国古代酒具
13. 中国古代家具
14. 中国古代陶器
15. 中国古代年画
16. 中国古代砖雕

四、古代建筑系列（12本）
1. 中国古代建筑
2. 中国古代城墙
3. 中国古代陵墓
4. 中国古代砖瓦
5. 中国古代桥梁
6. 中国古塔
7. 中国古镇
8. 中国古代楼阁
9. 中国古都
10. 中国古代长城
11. 中国古代宫殿
12. 中国古代寺庙

五、古代科学技术系列（15本）
1. 中国古代科技
2. 中国古代农业
3. 中国古代水利
4. 中国古代医学
5. 中国古代版画
6. 中国古代养殖
7. 中国古代船舶
8. 中国古代兵器
9. 中国古代纺织与印染
10. 中国古代农具
11. 中国古代园艺
12. 中国古代天文历法
13. 中国古代印刷
14. 中国古代地理
15. 中国古代地方志

六、古代政治经济制度系列（16本）
1. 中国古代经济
2. 中国古代科举

3. 中国古代邮驿
4. 中国古代赋税
5. 中国古代关隘
6. 中国古代交通
7. 中国古代商号
8. 中国古代官制
9. 中国古代航海
10. 中国古代贸易
11. 中国古代军队
12. 中国古代法律
13. 中国古代战争
14. 中国古代衙门
15. 中国古代外交
16. 中国古代盐文化

七、古代文化系列（26本）

1. 中国古代婚姻
2. 中国古代武术
3. 中国古代城市
4. 中国古代教育
5. 中国古代家训
6. 中国古代书院
7. 中国古代典籍
8. 中国古代石窟
9. 中国古代战场
10. 中国古代礼仪
11. 中国古村落
12. 中国古代体育
13. 中国古代姓氏
14. 中国古代文房四宝
15. 中国古代饮食
16. 中国古代娱乐
17. 中国古代兵书
18. 中国古代哲学
19. 中国古代宗祠
20. 中国古代奇案
21. 中国古代旅游
22. 中国古代家风
23. 中国古代地名
24. 中国古代家谱与年谱
25. 中国古代名字与别号
26. 中国古代墓志铭

八、古代艺术系列（12本）

1. 中国古代艺术
2. 中国古代戏曲
3. 中国古代绘画
4. 中国古代音乐
5. 中国古代文学
6. 中国古代乐器
7. 中国古代刺绣
8. 中国古代碑刻
9. 中国古代舞蹈
10. 中国古代篆刻
11. 中国古代杂技
12. 中国古代民间工艺